KB233891

골치아픈
중국어
간단하게
끝내기

골치아픈 중국어 간단하게 끝내기

초판 1쇄 발행 2008년 3월 15일

지은이 기획집단 看听话 | **펴낸이** 이영선 | **펴낸곳** 로코코북
출판등록 1989년 3월 16일 (제406-2005-000047호)
주소 경기도 파주시 교하읍 문발리 파주출판도시 498-7
전화 (031)955-7470 | **팩스** (031)955-7469
홈페이지 www.booksea.co.kr | **이메일** shmj21@hanmail.net

ⓒ 기획집단 看听话, 2008
ISBN 978-89-7483-336-7 03720
값은 뒤표지에 있습니다.
이 책은 저작권법에 따라 보호받는 저작물이므로 무단 전재와 무단 복제를 금합니다.

로코코북은 도서출판 서해문집이 실사구시의 마음을 담아 펴내는 실용출판 전문 브랜드입니다.

골치아픈 중국어 간단하게 끝내기

기획집단 看听话 지음

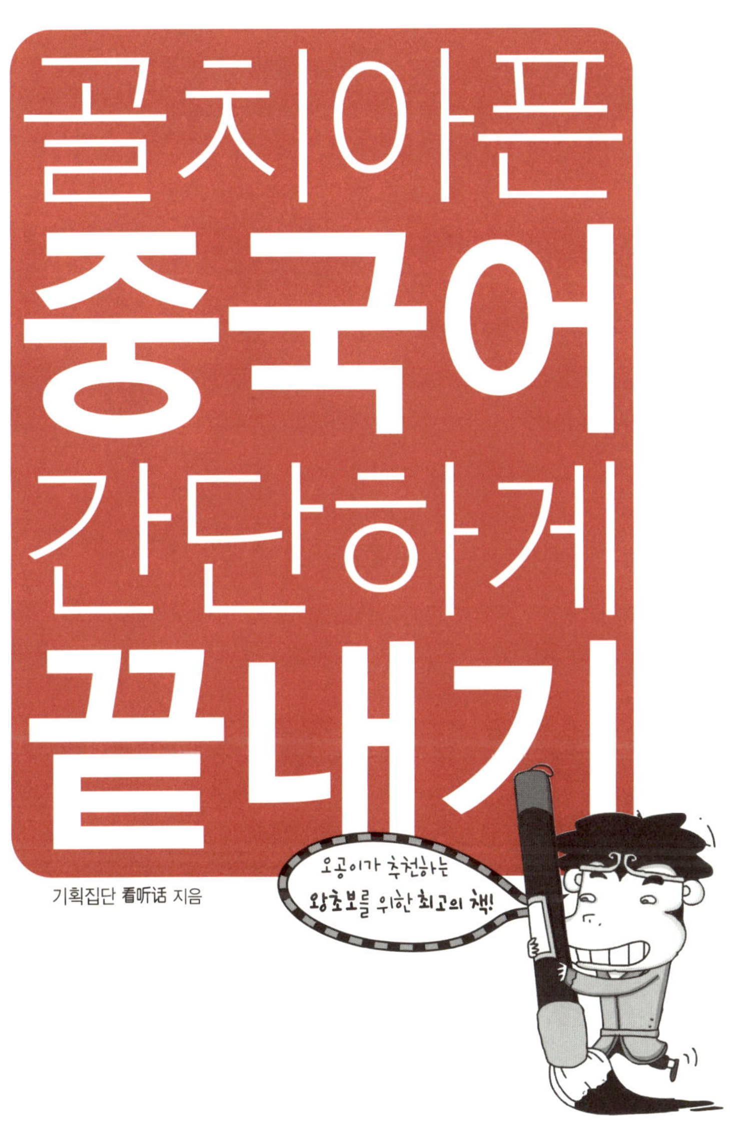

RoCoco book
로코코북

중국어 배워보셨습니까? 아니면 처음 시작하시는 건가요?

배워보셨다면 분명 중국어에서 단어와 간체자의 중요성을 느끼셨을 테고요. 만일 처음 시작하시는 거라면 왜 중국어 START가 단어와 간체자로 시작하는지 궁금해 하실지 모르겠습니다. 그러나 어떤 분이건 이 책을 집어 들었다면 중국어 학습의 지름길을 제대로 선택하셨음을 확인시켜 드리겠습니다. 빙 돌아서 산에 오르는 것이 아니라 한번에 산 정상에 닿는 길을 말입니다.

우리나라 독자들이 중국어 학습에서 가장 고통을 겪는 것은 바로 간체자와 발음입니다. 생활 속에서 늘 접하는 한자도 어려운 판국에 써 보기는커녕 본 적도 없는 간체자라니! 게다가 발음은 왜 이리 어렵습니까? 쌍, 쓰얼, 치엔, 제대로 된 발음이 하나도 없지요. 하나 더 덧붙인다면 단어죠. 어휘야 모든 언어 공부의 기본이니까 이해한다 해도 역시 단어는 어렵습니다.

그런데 이게 웬일입니까? 다른 외국어, 이를테면 영어나 일본어 공부할 때는 문법, 단어, 회화 등을 체계적으로 공부하지요. 그래도 정복하기가 쉽지 않습니다. 그런데 우리나라에서 중국어 공부하는 분들은 자신이 무슨 외국어 무릎팍도사나 된 것처럼 너무 쉽게 정복하려고 하지요. 아니, 알고 보면 그분들 잘못이 아닙니다. 우리나라 중국어 첫걸음 책의 잘못이라고 할 수 있겠죠.

시중에 나와 있는 중국어 첫걸음 책을 보면 회화에서 시작해서 발음, 단어, 간체자, 문법, 모든 것을 한 권으로 해결해 준다고 하니까요. 대체 그게 가능하다고 생각하시나요? 글씨도 낯선 외국어를 책 한 권으로, 그것도 단 한 달여 만에 끝내게 되어 있으니 말입니다.

한마디로 불가능입니다. 아니, 중국어를 향한 산을 그렇게 오르면 걸은 만큼 오르는 것이 아니라 간 만큼 내려와서 다시 올라가야 합니다. 수고를 두 배로 해야 한다는 말이죠.

외국어에는 절대 왕도가 없습니다. 노력한 만큼, 그것도 체계적으로 노력한 만큼 거둘 뿐입니다. 물론 효과적인 방법은 있지요. 이 책은 바로 그 효과적인 중국어 START를 도와드리는 책입니다. 그러기 위해서 가장 먼저 필요한 것이 바로 간체자와 단어입니다. 글자와 기본이 되는 어휘(회화건 문법이건을 배우는 데 필요한 최소한의 어휘 말이죠)를 쉽게 그리고 체계적으로 이해할 수 있게 도와드리죠.

그런 다음 시중에 나와 있는 중국어 첫걸음 책을 시작하십시오. 그렇게 한다면 도중에 어려움을 호소하면서 그만두는 일은 없을 것입니다. 아니 아마 그 책을 제쳐 두고 다시 이 책을 잡을지도 모릅니다. 그때쯤이면 이 책이 얼마나 중국어 학습에 도움이 될지 확인하실 수 있을 테니까요.

그럼 백문이 불여일견입니다. 함께 책을 펼치시지요.

2008년 벽두에
지은이 드림

1장 기본 표현부터 알아봅시다

接着!
nice!

1장
기본 표현부터
알아봅시다

숫자가 먼저죠

기본이 되는 한자는 중국어에도 기본이 됩니다. 모르면 절대 안 되는 글자요, 단어들이죠. 그러나 글자가 쉽고 변하지도 않아서 배우기에 어려움은 없습니다. 우선 숫자부터 볼까요.

一 yī

(수) 일, 하나　(명) 첫째
(형) 하나의, 한결같은, 같은
(부) 모두 ～하자마자

음! 보기에도 쉽고 쓰기도 쉬운 글자 一. 그러나 쓰임새는 그리 만만치 않습니다. 우리가 쓰는 一과는 달리 부사 역할을 하거든요. 자! 그럼 一이 들어간 단어를 배워볼까요.

우선 **명사(수사)**로 쓰이는 경우입니다.

一把 yībǎ　한 줌, 한 자루, 한 개
여러 가지 물건을 셀 때 쓰죠.

一半 yībàn　반, 중간, 절반
一边 yībiān　한쪽, 옆, 곁
边은 邊(가 변)의 간체자인데, 자세한 용법은 27쪽에서 배웁니다.

一点儿 yīdiǎnr 조금

간단히 '조금'이라는 뜻뿐만 아니라 다양한 의미로 쓰이는데, 여기서는 이쯤 알아두세요. 첫술에 배부를 수 없으니까요.

一生 yīshēng 일생, 평생
一个 yīge 하나

个 이상하게 생긴 글자죠. 個(하나 개)의 간체자입니다. 자세한 것은 31쪽에서.

一下(儿) yīxià(r) 한번. 잠깐

이때의 '한번'은 '시험삼아 해본다'는 의미죠. 그 외에 '갑자기, 순간'이라는 뜻도 갖습니다.

一些 yīxiē 조금, 약간

뒤에 个가 붙어 一些个가 되면 '적은 수의'라는 뜻이 됩니다.

一时 yīshí 잠깐, 한때

时는 時(때 시)의 간체자입니다. 寸(미디 촌)이 본래 짧은 시간을 나타내거든요. 그래서 이를 이용해 간체자를 만든 거죠. (➡ 36쪽)

이번에는 **형용사**로 쓰이는 경우를 알아봅시다.

一定 yīdìng (형) 어느 정도의, 일정한   (부) 반드시

一定이 '반드시, 꼭'이라는 부사로 쓰인다는 사실도 알아둡시다.

一切 yīqiè 일체, 일체의, 모든
一样 yíyàng 같은, 한 종류

样은 樣(모양 양)의 간체자인데 자주 쓰입니다. 오른쪽 복잡한 부분 대신 음이 같은 羊(양 양)을 썼군요.

一致 yīzhì 일치하다. 일치

다음에는 **부사적** 용법을 알아보겠습니다.

一 ~ 就 ~ yī~jiù~ ~하자마자 곧, ~하기만 하면 ~하다.

一道 yīdào 한 줄기, 함께

一道光은 '한 줄기 빛' 이란 뜻이고, 一道走는 '함께 가다' 란 뜻. 우리 말과는 사뭇 다른 의미로 쓰이는군요.

그 외에 一块儿 yīkuàir (함께), 一齐 yīqí (일제히, 함께), 一起 yīqǐ (같이, 모두), 一同 yītóng (같이)이 모두 '함께' 란 의미를 나타냅니다.

一共 yīgòng 합해서, 전부

一直 yīzhí 곧장, 줄곧

그 외에도 수많은 표현이 있는데, 이쯤에서 만족하고 다음으로 넘어갑니다. 처음부터 과식하면 배탈이 날 테니까요.

二 èr (수) 둘, 2

중국어 배울 때 가장 어려운 점은 뭐니 뭐니 해도 발음입니다. 발음 자체도 어려운데 거기에 성조까지 있으니까요. 二 èr도 영어식으로 발음하면 안 되죠. '에르' 가 아니라 '어ㄹ' 라고 발음합니다.

二胡 èrhú 악기 이름

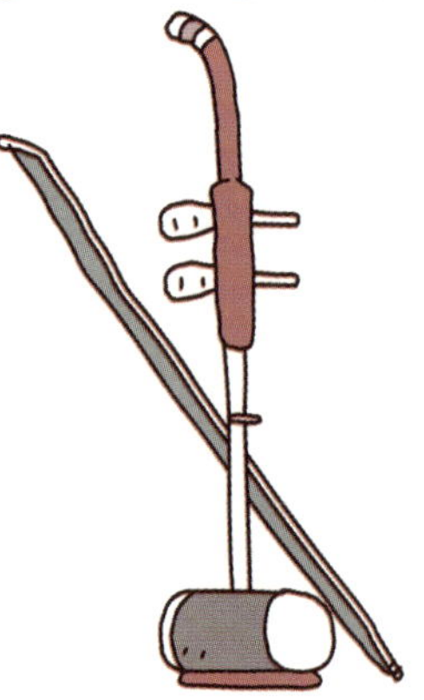

우리에게도 낯익은 중국 전통악기입니다. 현이 두 개라서 '얼후'라고 부르죠. 중국 시내에서는 노인들이 얼후를 연주하는 모습을 심심찮게 볼 수 있습니다. 우리나라에서도 가야금이나 거문고를 연주하면 좋을 텐데….

三 sān　　　　(수) 셋, 3 (부) 재삼

三은 발음이 우리와 비슷하군요. 부사로서의 뜻은 우리말 '삼세번'과 비슷하다고나 할까요.

三明治 sānmíngzhì　샌드위치

코카콜라를 중국어로 **可口可乐** kěkǒukělè라고 한다는 것은 유명하죠. 외래어를 음역해서 표현한 대표적인 상표인데, 샌드위치를 三明治라고 하는 것도 그런 예입니다.

四 sì　　　　(수) 넷, 4

四 sì에서 九 jiǔ까지는 숫자의 뜻 외에는 특별한 뜻을 갖지 않습니다. 한꺼번에 알아보기로 합시다.

四边 sìbiān　사방, 주위

앞서 一边(한쪽)을 배운 적이 있지요.　　　　边 ◀邊(가장자리 변)

五　wǔ　(수)　다섯, 5
六　liù　(수)　여섯, 6

七　qī　　　　(수)　일곱, 7

七七八八　qīqibābā　지저분하게 뒤엉킨

재미있는 표현이죠. 중국어 발음은 앞뒤의 성조에 따라, 또 어떻게 구성되었느냐에 따라 변화무쌍합니다. 앞의 七와 뒤의 七가 달리 발음되었습니다. 이렇게 성조가 없이 발음되는 것을 경성이라고 하는데, 경성은 음의 높낮이 변화가 없이 짧게 발음하며 발음의 높이는 바로 앞 글자의 성조와 같습니다.

八　bā　　　　(수)　여덟, 8

八 bā는 중국어에서 '다양함, 많은 종류' 같은 뜻으로 자주 쓰입니다. 그래서 여러 가지 귀한 재료로 만든 요리를 八宝菜 bābǎocài라고 하지요. 맛있는데 좀 비쌉니다.

九　jiǔ　(수)　아홉, 9

十 shí　　(수) 열, 10　(형) 충분한, 완전한, 많은

十는 '10, 열' 이라는 뜻 외에 ' 충분한, 많은' 등의 형용사로도 자주 쓰입니다. 우리말에서도 10은 '충분하다' 는 뜻으로 쓰이잖아요.

十分　shífēn　매우, 대단히

十字路口　shízìlùkǒu　네거리

百 bǎi　　(수) 백　(부) 전혀, 아주

百 bǎi는 '온갖 것' 을 나타내는 말로 쓰이죠. 혹시 '100' 의 순우리말이 '온' 이라는 것은 아시나요? '1000' 은 '즈믄' 이고요.

百货　bǎihuò　온갖 상품

百货가 독립적으로 쓰이는 경우는 별로 없습니다만 百货大楼 bǎihuòdàlóu, 百货商店 bǎihuòshāngdiàn이란 표현은 많이 쓰이죠. 모두 '백화점' 이란 뜻입니다.

百发百中　bǎifābǎizhòng　백발백중　　　发◀發(쏠 발)

百事可乐 bǎishìkělè은 펩시콜라죠. 앞서 살펴본 코카콜라와 비교해 보십시오.

乐 lè는 樂(즐길 락)의 간체자입니다. 줄여도 너무 줄인 것 같죠?

千 qiān   (수) 천, 1000   (부) 반드시, 꼭, 제발

千 qiān에는 숫자 '1000' 이외에도 '반드시, 제발' 이라는 부사적 의미가 있습니다. 그래서 다음과 같은 단어가 생겨났죠.

千万 qiānwàn   부디, 제발, 결코, 절대

千万不可。   절대 안 됩니다.

万 wàn   (수) 만, 10000   (부) 매우, 아주

万은 萬의 약자이면서 간체자이기도 합니다. 千처럼 부사적 의미도 갖고 있군요.

万安 wàn'ān   매우 안전하다

亿 yì   (수) 억

亿 yì는 생긴 게 묘한데, 億(억 억)의 간체자입니다. 乙는 그와 비슷한 발음을 가진 글자를 간략하게 할 때 자주 쓰는데, 이런 글자들에 쓴답니다.

憶(기억할 억) ➡ 忆 yì (상기하다, 회상하다)

藝(예술 예) ➡ 艺 yì (기술, 솜씨, 예술)

兆 zhào (수) 조 (명) 징조

일상적으로 쓰는 숫자 가운데 가장 큰 것은 兆 zhǎo죠. 그보다 더 큰 단위는 자주 쓰지 않으니까요.

零 líng (수) 영, 제로 (형) 영세한 (명) 우수리

0의 발견이 수학 발전에 기폭제가 되었다는 말이 있지요. 큰 숫자보다 아무것도 없다는 0이 더욱 중요하다니!

零钱 língqián 잔돈, 용돈
零售 língshòu 소매

하늘에 떠 있는 별들은 시시때때로 나타납니다.
자연에도 나타나고 요일에도 나타나고. 그러니 먼저 알아두면 좋겠죠?
태양계에 나오는 수, 금, 지, 화, 목, 토는 우리나라의 경우 요일에도 쓰이는데, 중국어에서는 쓰이지 않습니다. 기억해 둡시다.

日 rì　　(명) 해, 낮, 하루, 날, 나날이, 매일

日도 우리말처럼 자주, 그리고 중요하게 쓰이는 글자입니다. 다만 '일요일' 이란 표현이 중국어에는 없으니 조심하십시오.

日子 rìzi　날짜, 시간, 세월, 기간
日记 rìjì　일기

记는 記(기록할 기)의 간체자입니다. 言이 부수로 쓰일 때는 讠으로 바뀌는 것이 간체자의 규칙이죠.

日常 rìcháng　일상적인
日期 rìqī　(특정한) 날짜, 기간

月 yuè　　(명) 달, 월, 매월

月는 달을 뜻합니다. 하늘에 떠 있는 '달'과 달력상의 '달month'에 두루 쓰이죠. 특히 하늘에 떠 있는 달로는 月亮 yuèliang이 자주 쓰입니다.
月台 yuètái는 플랫폼. 가을 밤 여행객이 기차를 기다리며 달을 바라보는 곳이 플랫폼이라서 그럴까요?

火 huǒ

(명) 불, 화약, 총 (형) 왕성하다, 급하다
(동) 화를 내다, 불태우다

火는 불을 뜻하는 글자죠. 다른 뜻도 불만큼이나 화끈하군요.
중국에 가면 가장 헷갈리는 것이 汽车 qìchē입니다. 그냥 읽으면 기차인데, 자동차에 쓰여 있으니까요. 그래서 버스는 公共汽车 gōnggòngqìchē. 그럼, 진짜 기차는 뭐라고 할까요? 火车 huǒchē라고 합니다. 서탄을 때서 가는 증기기관차가 기차의 효시이기 때문에 이런 이름이 붙었나 봅니다.
기차표는 火车票 huǒchēpiào, 기차역은 火车站 huǒchēzhàn.
하나 더! 车는 車(수레 차)의 간체자.

火山 huǒshān 화산
火灾 huǒzāi 화재

灾는 災(재앙 재)의 간체자입니다. 역시 火(불 화)는 재앙의 근원이라니까.

火箭 huǒjiàn 로켓
火柴 huǒchái 성냥

水는 당연히 물이죠. 꼭 알아두어야 할 단어가 水果 shuǐguǒ, 과일이란 뜻입니다. 水平 shuǐpíng이란 단어도 알아두십시오. '수준' 이란 뜻으로 자주 쓰이니까요. 그래서 생활수준은 生活水平 shēnghuóshuǐpíng~이라고 쓰입니다.

水泥　shuǐní　시멘트

음, 물이 섞인 泥(진흙)가 시멘트군요.

水稻　shuǐdào　벼, 논벼
汽水　qìshuǐ　탄산음료

汽(김, 증기)가 섞인 물이 탄산음료라, 재미있네요.

중국어를 공부하다 보면 头 tóu라는 글자를 자주 볼 수 있습니다. 생기다 만 것 같은 낯선 모습인데, 頭(머리 두)의 간체자입니다. 그런데 이 글자는 '머리' 라는 뜻 외에 다양하게 쓰입니다. 특히 경성으로 tou라고 발음하면 명사 뒤에 붙은 접미사로 쓰입니다. 그래서 '나무, 목재' 라는 뜻으로 쓰일 때는 木头 mùtou라고 쓰지요. (➡ 73쪽)
중국어는 표의문자, 즉 뜻을 담고 있는 문자인 한자를 쓰기 때문에 원래는 한 글자 만으로도 웬만한 표현은 다 할 수 있었어요. 그런데 점점 하고 싶은 말이 다양해지다 보니 보통 단어는 대부분 두 글자 이상이 되었지요. 그래서 위에서처럼 头나 子가 붙어서 두 글자가 된 단어들이 많이 생겼어요. 말할 때 리듬감도 살고요.

金 jīn

(명) 금, 금속 (형) 소중하다

우리에게 金은 너무나 흔히 쓰는 글자입니다. 발음은? 당연히 '김'. 그런데 중국인들에게 金은 jīn일 따름입니다. 그래서 김씨 성을 가진 분들은 중국땅에 내리는 순간 영낙없이 진씨가 되지요. 그렇다고 성을 바꿀 수는 없겠죠.

金属 jīnshǔ 금속
现金 xiànjīn 현금

見(볼 견)은 见 jiàn으로 바뀌는 것이 간체자의 규칙입니다. (➡ 76쪽)

金融机构 jīnróngjīgòu 금융기관

机는 機(틀 기)의 간체자. 음, 그러니까 幾(기미 기)의 간체자는 几겠군요. 하나 더! 构는 構(얽을 구)의 간체자입니다. 그러니까 机构는 機構(기구)인 셈이지요. 冓는 간체자에서 여러 가지로 변하는데, 購(살 구)는 购로 변합니다. 講(읽을 강)은 讲 jiǎng으로 변하죠.

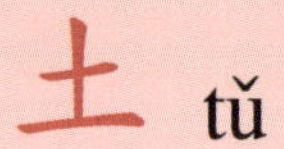

土　tǔ

(명) 흙, 토양, 토지, 국토, 고향

(형) 촌스러운, 종래의

모든 곡물이 다 흙에서 나는데, 특히 흙을 중시하는 곡물이 있습니다.
土豆 tǔdòu(감자)가 그것이죠. 豆(콩 두)가 콩이니까 흙에서 나는 콩이란
의미인데, 콩이 본래 흙에서 나오는 것
아닙니까? 그럼 진짜 콩은 뭐라고 할
까요?

豆子 dòuzi.

역시 子를 달고 다니는군요.

土地 tǔdì 토지, 땅
领土 lǐngtǔ 영토

중국어를 공부할 때 고민스러운 점 가운데 하나가 글자의 뜻을 외워야 하는 겁니다. 그러나 특별한 경우가 아니면 글자가 독립적으로 쓰이기보다는 다른 글자와 결합해 단어로 쓰이므로 글자 뜻에 너무 연연할 필요는 없습니다. 상하도 마찬가지입니다.

上 shàng

(명) 위, 상급 (형) 우수한, 이전의
(동) 가다, 오르다

上 shàng에도 수많은 뜻이 있는데 다 외울 수는 없고 다음에 나오는 단어 정도만 외워 둡시다.

上班 shàngbān 출근하다, 근무하나
上床 shàngchuáng 침대에 올라가다
上学 shàngxué 학교에 가다, 등교하다
上去 shàngqù 올라가다
上边 shàngbian 위쪽, 상관   边◀邊(가장자리 변)
上星期 shàngxīngqī 지난주

星期는 주week를 뜻합니다. (➡ 40쪽)

上当 shàngdàng 속아 넘어가다
上月 shàngyuè 지난달
上级 shàngjí 상급, 상급자

级는 級(등급 급)의 간체자. 점이 여럿이거나 선이 여럿이면 영락없이 줄
어드는 것이 간체자의 기본이죠.

上课 shàngkè 수업하다　　　　　　　　　　　　　课◀課(매길 과)
上午 shàngwǔ 오전
上衣 shàngyī 겉옷, 윗옷
上市 shàngshì 시장에 나오다
上司 shàngsī 상사, 상관
上面 shàngmian 위, 위쪽, 분야

下 xià　　　　　(명) 아래, 다음, 신하　(동) 끝나다, 내려가다

下 또한 上만큼이나 다양한 뜻을 가지고 있는데 上과 반대되는 뜻의
단어를 많이 만듭니다. 예를 들어볼까요?

등교하다	上学 shàngxué	下学 xiàxué 하교하다
수업하다	上课 shàngkè	下课 xiàkè 수업이 끝나다
출근하다	上班 shàngbān	下班 xiàbān 퇴근하다

오전	上午 shàngwǔ	下午 xiàwǔ 오후
올라가다	上去 shàngqù	下去 xiàqù 내려가다
위	上面 shàngmian	下面 xiàmian 아래, 밑

그러고 보니 上과 下를 바꾸기만 하면 반대말이 되는군요.
그렇다면 下星期 xiàxīngqī는? 다음 주. 음, 上星期가 지난주니까 역시 반대의 뜻이군요. 下月 xiàyuè도 上月의 반대니까 다음 달.

下药 xiàyào 투약하다
下载 xiàzài 다운로드

載(실을 재)의 간체자인 载에 내린다는 뜻의 下를 붙여 다운로드download란 의미의 단어를 만들었습니다. 외국어를 자신들의 언어로 소화한 것이죠. 이처럼 한자는 뜻글자라서 새로운 표현을 만드는 데 유리합니다. 잦은 외래어 사용으로 우리말이 혼탁해진 요즘, 타산지석으로 삼아야 하지 않을까요.

左 zuǒ
(명) 왼쪽, 동쪽, 옆, 옛날
(형) 옳지 못한, 비뚤어진, 진보적인

왼쪽은 오른쪽에 비해 뭔가 다른 것, 혹은 옳지 못한 것을 나타내는 게 우리나라만은 아니군요. 그래도 요즘은 진보세력은 좌익, 좌익은 무조건 빨갱이라고 때려잡지 않으니 다행이죠.

左边 zuǒbiān 좌측, 왼쪽
左右 zuǒyòu (명) 왼쪽과 오른쪽, 가량, 쯤 (동) 좌우하다

역시 右 yòu는 左 zuǒ에 비해 뜻이 좋군요.
가만, 보수적인 게 진보적인 것보다 좋은가?

右边 yòubiān 오른쪽

방향을 나타내기 위해 꼭 필요한 글자가 边 biān
입니다. 邊의 간체자죠.
앞서 몇 단어에 나타난 바 있어서 눈치 빠른
독자께서는 아셨을 텐데요. 방위를 나타내는
上, 下, 左, 右, 东, 西, 南, 北, 前, 后 등에
붙어 '~쪽' 이라는 방향을 표시합니다. 물론
명사로도 다양하게 쓰이고요. 이와 유사한 역
할을 하는 글자로 面 miàn이 있습니다.

예로부터 중용은 선비가 반드시 취해야 할 바른 자세로 여겨졌지요. 그래서 그런지 中 zhōng은 좋은 뜻을 가지고 있군요. 또한 中国 Zhōngguó를 뜻하는 글자가 바로 中이므로, 중국과 관련된 단어도 많이 있습니다.

中文 Zhōngwén 중국어
中餐 zhōngcān 중국요리
中药 zhōngyào 중국의약, 한약

药는 藥(약 약)의 간체자. 樂을 约로 바꿨군요.

中午 zhōngwǔ 정오
中学 zhōngxué 중등학교
中央 zhōngyāng 중앙, 가운데
中心 zhōngxīn 중심
中间 zhōngjiān 가운데, 안

间 ◀間(사이 간)

里 lǐ
(명) 촌락, 고향, 이웃 (명) 안, 뒤쪽, 속

대명사를 배울 때 자주 나오는 里는 '안, 속' 등을 나타내는 명사입니

다. 그러나 분명한 뜻보다는 접미사처럼 방향을 나타낼 때, 또는 대명
사의 의미를 분명히 하는 데 자주 쓰이죠.

这里 zhèli 여기, 이곳
哪里 nǎli 어디, 어느곳
那里 nàli 그곳, 저곳
这面是里儿, 那面是面儿。 이쪽이 안이고, 저쪽이 밖이다.

위 문장에서는 里가 안쪽을 뜻하네요. 바깥쪽, 겉면은 面 miàn이고요.

东 dōng　　　(명) 동쪽, 주인

东 dōng은 누구나 아는 東(동녘 동)의 간체자로 '동쪽'
을 뜻합니다.

东方 dōngfāng 동쪽

东이 들어가는 단어 가운데 주의해야 할 것이
东西 dōngxī입니다. 뜻은 엉뚱하게도 '물건, 물
품, 놈' 특이한 단어가 아니라 자주 쓰이는 단어
라는 점을 기억해 두세요.

西 xī　　　(명) 서쪽, 서양

'서쪽'을 뜻하는 西 xī는 서양이라는 의미를 갖습니다. 다음 표현을 볼까요.

西餐 xīcān 양식
西方 xīfāng 서양, 서쪽
西服 xīfú 양복

그런가 하면 과일 이름에도 자주 쓰입니다.

西瓜 xīguā 수박
西红柿 xīhóngshì 토마토

앞에 나오는 그림에서 수박과 토마토의 코가 왜 튀어나오려고 했는지 알겠군요.

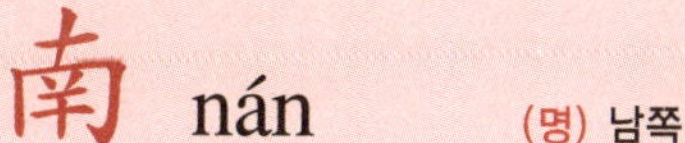

南 nán　　(명) 남쪽

南은 '남쪽'을 나타내는 글자인데, 다른 뜻으로는 별로 쓰이지 않는군요.

南边 nánbiān 남쪽
南方 nánfāng 남부지방

南方은 중국의 장강 이남지방을 가리킵니다.

南部 nánbù 남부
南极 nánjí 남극

极 ◀極(다할 극)

중국이라는 나라는 워낙 크기 때문에 정치·경제·사회적으로 북쪽과 남쪽의 차이가 상당합니다. 예로부터 남쪽의 풍물과 습속은 중국의 정치 경제의 중심인 북경 사람들에게는 이국적으로 느껴졌습니다. 이런 까닭에 남쪽과 관련된 관용구가 꽤 많습니다.

北 běi

(명) 북, 북쪽　(형) 북쪽의

北도 북쪽이라는 뜻 외에는 별로 쓰이지 않습니다. 너무도 유명한 중국의 수도 北京 Běijīng은 '북쪽의 수도'라는 뜻으로, 남쪽의 수도 南京 Nánjīng에 대비되는 장소입니다.

北边 běibiān 북쪽
北部 běibù 북부

중국은 땅이 넓으니 지역마다 음식맛도 독특하지요. 이렇게요.

东辣西酸, 南甜北咸。 Dōng là xī suān, nán tián běi xián.
동쪽 사람들은 매운 것을, 서쪽 사람들은 신 것을, 남쪽 사람들은 단 것을, 북쪽 사람들은 짠 것을 좋아한다.

수량은 기본입니다

个 gè　(명) (물건의) 크기　(대) 이, 그　(양) ~개

재미있게 생긴 个는 앞서 살펴본 대로 수량을 나타내는 個의 간체자입니다. 수량을 나타낼 때, 그리고 개인이라는 뜻으로 자주 쓰이는 기본 글자죠.

个别 gèbié 개별적인
个人 gèrén 개인
个体 gètǐ 개인, 개체
个体户 gètǐhù 자영업자
个子 gèzi = 个儿 gèr 부피, 신체, 체격

两 liǎng　(수) 둘　(명) 양쪽　(형) 다른, 상이한

两은 두 개를 뜻하는 兩의 간체자입니다. 얼핏 보면 비슷하지만 잘 보면 획이 많이 줄어든 것을 알 수 있죠. '두 개, 쌍, 양쪽' 등을 나타냅니다.

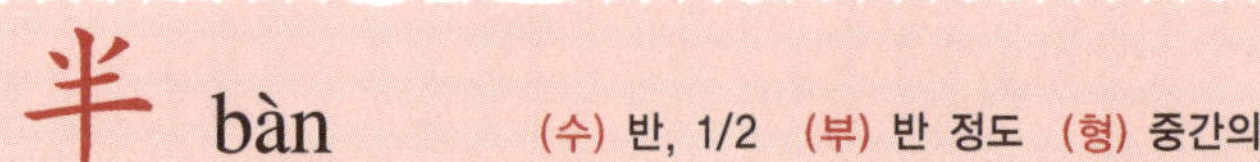

半 bàn

(수) 반, 1/2　(부) 반 정도　(형) 중간의

半은 수량을 뜻할 뿐 아니라 시간, 정도 등 다양한 개념의 '반, 절반, 중간'을 나타냅니다. 그래서 半旧 bànjiù란 재미있는 단어도 생겨났습니다. 반쯤 오래된 것이니까 뜻은 '중고'.

半拉 bànlǎ　반 조각

拉(꺾을 랍)은 'lā'로 발음하면 '끌다'라는 뜻으로 쓰이지만, 위 단어에서는 'lǎ'로 발음되어 '꺾는다'는 뜻으로 쓰였습니다. 꺾으면 반 조각이 될 테니까요.

半天 bàntiān　한나절, 오랫동안
半夜 bànyè　한밤중, 심야
半导体 bàndǎotǐ　반도체

导는 導 dǎo의 간체자로 '이끌다, 지도하다, 전도하다'란 뜻입니다. 이 글자가 들어간 단어 가운데 우리 눈에 익숙한 게 있지요. 바로 导演 dǎoyǎn입니다. 연기를 이끄는 사람이니까 '영화감독'이죠. 중국 영화 타이틀에는 반드시 나오는 단어입니다. 그 외에 미사일을 가리키는 导弹 dǎodàn이란 단어도 알아두십시오.

多 duō

(형) 많은, 과한 　(부) 훨씬, 얼마나, 아무리, 대단히

多数 duōshù 다수, 대다수

'많다'는 뜻의 多는 '얼마나, 아무리' 같은 의문사로도 자주 쓰입니다. 특히 중요한 단어가 多少 duōshao입니다. 우리말과는 달리 '몇, 얼마큼'이라는 뜻을 갖는 의문사입니다. 그래서 '多少钱?' 하면 '얼마입니까?', '你要多少斤?'은 '몇 근이나 필요하세요?'라는 말입니다. 그렇지만 多少가 duōshǎo로 발음될 때는 우리말과 유사한 뜻을 갖습니다.

多么 duōme 얼마나

이는 의문사로도 쓰이지만 대부분 감탄사로 쓰입니다.
么 me는 생뚱맞은 글자 麽(어찌 마)의 간체자인데, 접미사로 쓰이죠. 특별한 뜻도 없고 우리말에서는 거의 쓰이지 않습니다.

多么好看！ 정말 아름답군!

少 **shǎo**　　(형) 적다, 부족하다　(동) 분실하다　(부) 잠시

　shào　　(형) 나이가 젊다　(명) 젊은이

수량을 나타내는 少는 크기를 나타내는 小 xiǎo와
발음도 다르고 뜻도 다릅니다. 少는 shǎo와 shào
의 두 가지로 발음이 되는데, 물
론 뜻에도 차이가 있습니다.

少数 shǎoshù　소수, 조금

少年 shàonián　소년

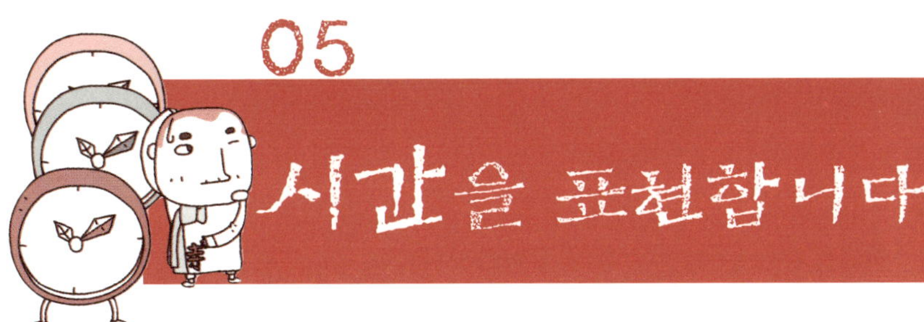

年 nián   (명) 년, 해, 나이, 살

年은 연도를 표시하거나 나이를 표시할 때 자주 쓰이죠. 우리말 용법과
비슷합니다.

年级 niánjí 학년   **级** ◀級(급수 급)
年纪 niánjì 나이, 연령   **纪** ◀紀(벼리 기)

두 단어는 발음이 비슷한데, 사성을 모르면 구분하기 힘들겠군요.
絲(실 사)는 간체자로 丝입니다. 絲가 부수로는 糸(가는 실 사)의 형태로
쓰이는데, 이것이 다시 간체자로는 纟처럼 축약됩니다.

年轻 niánqīng 나이가 젊다

年轻은 대단히 자주 쓰이므로 반드시 기억해 두어야 합니다.
轻은 輕(가벼울 경)의 간체자입니다. 車의 간체자는 车. 그래서 이렇게

변한 것입니다.

'나이'라는 뜻으로는 年纪보다 年龄 niánlíng이 자주 쓰입니다.

이번에는 연도를 부르는 방법에 대해 알아봅시다.
올해는 今年 jīnnián. 우리말과 같군
요. 물론 발음은 다르지만.

前年 qiánnián 재작년
去年 qùnián 작년
明年 míngnián 내년
后年 hòunián 내후년

우리말로 전년은 작년을 가리키는데 중국
에서는 재작년이군요. 조심!

<table>
<tr><td>时 shí</td><td>(명) 때, 시기, 시대, 시간　(형) 유행의, 시기적절한
(부) 때때로</td></tr>
</table>

时는 '시간, 시기'를 나타내는 時의 간체자입니다. 너무 자주 쓰여 이
내 익숙해지는 글자지요. 寸이 본래 '짧은 시간'을 가리키므로 이를 이
용해 만들었습니다.

时间 shíjiān 시간　　　　　　　　　　　间 ◀間(사이 간)
时代 shídài 시대
时刻 shíkè 시각

36

时期 shíqī 시기

위의 단어들은 우리말과 별반 다르지 않군요.

时候 shíhou 때, 시절, 시간
时光 shíguāng 세월, 시간

이 단어들은 좀 다르군요. 아니, 다른
게 아니라 새롭군요.

分 fēn
  fèn

(동) 나누다, 분할하다 (명) 분, 분수
(명) 성분, 본분, 직분, 몫

分은 '분(1/60시간)'을 나타내는 까닭에 이곳에 자리했지만 사실 그 쓰
임새는 대단히 많습니다. 특히 나눈다거나 분리한다는 뜻의 동사로 자
주 쓰인다는 사실을 기억해 둡시다.

分配 fēnpèi 분배하다
分发 fēnfā 분배하다, 지급하다   发◀發(펼 발)
分行 fēnháng 지점
分居 fēnjū 별거하다
分别 fēnbié 이별하다

특히 조심할 단어입니다. 우리말 '분별'과는
전혀 다른 뜻으로 쓰이니까요.

分辨 fēnbiàn 구별(하다)
分析 fēnxī 분석(하다)

分钟 fēnzhōng ~분(시간을 세는 단위)

钟은 鍾의 간체자. 아래서 자세히 살펴봅시다.

钟 zhōng　(명) 종, 시계, 시간

钟은 鍾(종 종)의 간체자입니다. '종', '시간'을 나타내지요. 실제로는 시간을 가리키는 글자와 함께 쓰이는 것이 일반적입니다.

三点三十分钟 sāndiǎn sānshí fēnzhōng　3시 30분, 3시간 30분
五分钟 wǔ fēnzhōng　5분간, 5분
钟头 zhōngtóu　시간　　　　　　　　　　头 ◀頭(머리 두)

金은 간체자에서 변으로 쓰일 때 대부분 钅로 변합니다. (➡ 57쪽)

点 diǎn　(명) (액체의) 방울, 점, 점수　(양) 조금
　　　　　　(명) 시간, 시간의 단위　(동) 점을 찍다, 지정하다

点 또한 다양한 뜻을 갖고 있습니다. 수량을 나타낼 때는 '약간, 조금'의 뜻을 나타내지요.

点滴 diǎndī　근소함, 사소함
点钟 diǎnzhōng　시각, 시간
点心 diǎnxīn　과자, 간식

点心은 우리의 점심식사보다는 '간식, 과자' 같은 의미로 주로 쓰입니다. 식사와 관련된 단어 하나 더!

点菜 diǎncài 요리를 주문하다

다음에는 날짜와 요일을 알아보겠습니다.

天 tiān

(명) 하늘, 신, 날, 하루, 계절, 기우, 시각, 주간

(형) 천연의, 천부의

天은 천자문의 가장 첫 글자를 장식할 만큼 기본이 되는 글자입니다. 뜻은 '하늘, 하느님'과 함께 '계절, 날짜, 시간' 등을 나타냅니다.

天空 tiānkōng 하늘
天体 tiāntǐ 천체
天气 tiānqì 날씨, 일기

气 ◀氣(기운 기)

이번에는 날짜를 알아볼까요?

昨天 zuótiān 어제
今天 jīntiān 오늘
明天 míngtiān 내일
前天 qiántiān 그저께
后天 hòutiān 모레

그 외에 형용사로도 자주 쓰입니다.

天才 tiāncái 타고난 재능, 천재

星 xīng　(명) 별

일반적으로 '별'을 나타낼 때는 星星 xīngxīng을 많이 씁니다. 그래서
'하늘의 별'이라 하면 天上的星星.
반드시 알아두어야 할 단어가 星期입니다.

星期 xīngqī 주週, 요일
今天星期几? 오늘은 무슨 요일입니까?

이번에는 일주일을 배워볼까요? 배우기 쉽지요.

星期一 xīngqīyī 월요일
星期二 xīngqī'èr 화요일
星期三 xīngqīsān 수요일
星期四 xīngqīsì 목요일
星期五 xīngqīwǔ 금요일
星期六 xīngqīliù 토요일
星期日 xīngqīrì = 星期天 xīngqītiān 일요일

지시대명사를 알아봅시다

대명사가 중요한 것은 삼척동자도 아는 사실입니다. 중국어 학습에서 대명사
는 더욱 중요한데, 그 이유는 우리는 거의 사용하지 않는 글자들이기 때문이
지요. 한자를 웬만큼 하는 분들도 태어나 처음 보는 글자가 많거든요.

这 zhè　　　(대) 이것, 이 (부) 지금, 이제

영어의 this, 우리말의 '이것, 이'에 해당하는 대명사입니다. 본래 글자
는 這(이 저). 这는 간체자인데, 어차피 우리는 거의 쓰지 않으므로 낯설
기는 마찬가지입니다. 这는 그 자체만으로도 사용하고 这个의 형태로
도 사용합니다.

> **这个** zhège 이, 이것
> 这是我的。 이건 제 것입니다.

장소, 방향, 시간 등을 가리킬 때도 这가 자주 쓰입니다.

> **这边** zhèbiān 여기, 이쪽
> **这里** zhèli 여기, 이곳
> **这(个)星期** zhè(ge)xīngqī 금주
> **这些(个)** zhèxiē(ge) 이것들

个는 들어가도, 안 들어가도 상관없습니다. 또 这는 부사적 용법으로도 자주 쓰입니다.

这么 zhème 이렇게, 이와 같이
这样 zhèyàng 이와 같이, 이렇게

么 me는 앞서 배운 접미사죠.

(➡ 33쪽)

那 nà (대) 저것, 그것, 저 (접) 그러면, 그렇다면

이번에는 that, '저것, 저' 입니다. 용법은 这와 비슷합니다. 주의할 점은 '그것 it' 의 뜻도 내포하고 있다는 점입니다.

那个 nàge 그, 그것, 저, 저것
那里 nàli 그곳, 저곳
那些 nàxiē 그것들, 저것들, 저만큼
那些东西都是他的。 저 물건들은 모두 그의 것이다.

위 문장에서 那些가 东西를 수식한다고 해서 형용사로 쓰였습니다만, 형용사는 아닙니다. 이런 경우가 중국어에는 꽤 많습니다.
那는 这와 같이 부사적 용법뿐 아니라 접속사적 용법도 있습니다.

那么 nàme 그만큼, 그렇게, 그러면

来了那么多的人。 저렇게 많은 사람이 왔습니다.

那么我们走吧。 그럼 가시지요.

那样 nàyàng 그렇게, 저렇게

哪 nǎ　　　(대) 어디, 어느, 언제, 누구 　(부) 어째서

哪는 의문대명사입니다. 의문문을 만드는 데 필수적이죠. 게다가 6하 원칙의 6하를 두루 표현할 수 있으니 정말 대단한 글자입니다. 6하가 뭐냐고요? 끄응, 한국어 공부부터.

哪个 nǎge 어느, 어떤
哪会儿 nǎhuìr 언제
哪边 nǎbiān = 哪里 nǎli 어디
哪么 nǎme 어떻게, 어느쪽
哪样 nǎyàng (성질, 상태) 등을 묻는 대명사
哪样可你的心? 어떤 게 네 마음에 드니?

그뿐만이 아닙니다. 양보절을 만드는 경우에도 쓰이고 반어법을 나타낼 때도 쓰입니다.

哪怕 nǎpà 비록 ~일지라도
哪怕只见面, 看一眼呢。 다만 한 번일지라도 꼭 만나고 싶다.

什 shén도 의문문을 만드는 대명사입니다. 什은 대부분 么와 함께 활동
합니다. 그래서 什么로 익혀두는 것이 편하지요.

什么　shénme　무엇, 왜, 무슨
这是什么?　이것은 무엇입니까?

什么가 늘 의문문을 만드는 것은 아닙니다. '아무
것'을 뜻할 때나, 물건을 열거할 때도 씁니다.

红的 , 白的, 黑的什么的。　빨간 것, 흰 것, 검은 것 등등.

가까이 있는 사물을 가리키는 지시대명사로, '이것, 이때, 이곳' 같은
의미를 두루 가지고 있습니다.

此外　cǐwài　이밖에
此地　cǐdì　이곳

44

이번엔 인칭대명사입니다

我 wǒ　　　　(명) 나, 자신

말이 필요 없는 글자입니다. 발음은 '워'에 가깝죠.

我的 wǒ de　나의, 나의 것

이참에 的 de에 대해 배우고 갑시다. 的는 조사인데 우리말 조사와는 달리 명사적 용법도 가지고 있습니다. 그래서 我的라고 하면 '나의'라는 소유격과 함께 '나의 것'이라는 소유대명사로도 사용됩니다.

这是你的。 이것이 너의 것이다.

我们 wǒmen　우리들, 우리.

이번에도 낯선 글자가 나타났군요. 바로 사람의 복수를 나타내는 접미사 们인데, 們의 간체자입니다.

们과 관련해 한 가지 조심해야 할 것이 있는데, 三个学生(세 사람의 학생)과 같이 양사가 쓰인 경우에는 们이 붙지 않는다는 것이죠.

你 nǐ   (대) 당신, 너, 너의

중국어는 영어처럼 격에 따라 활용이 일어나지 않습니다. 그런 면에서는 헷갈릴 일이 없습니다. '너'라는 인칭대명사 你도 소유격 '너의'가 되기도 하니까요.

你的 nǐ de 네 것
你们 nǐmen 너희들, 당신들

你와 관련해 꼭 알아두어야 할 것이 您 nín입니다. 중국어에서 거의 유일한 존칭이지요. 뜻은 '선생, 당신'.

老师, 您早 ! 선생님, 안녕하세요!

他   tā   (대) 그, 그 사람, 그 남자, 다른 곳

他는 '그, 그 사람', 즉 영어 he와 흡사하지만 보다 넓은 의미를 갖습니다.

他们 tāmen   그들

他们은 여러 사람, 즉 남녀가 섞여 있을 때도 사용합니다.

其他 qítā   기타, 그 외

이때는 他가 '다른' 이란 의미로 사용되었군요. 그렇다면 그녀는?
발음은 같고 생김새만 약간 다른 她 tā입니다. 역시 女자가 들어가 있군요.

她们 tāmen   그녀들

이와 관련해 또 하나 알아두어야 할 글자가 它 입니다. 생전 처음 보는
분 많으시죠?

它 tā   그, 저, 그것, 저것

它는 사물이나 동물을 가리킬 때 쓰는 글자입니다. 용법은 他나 她와
별로 다르지 않습니다.

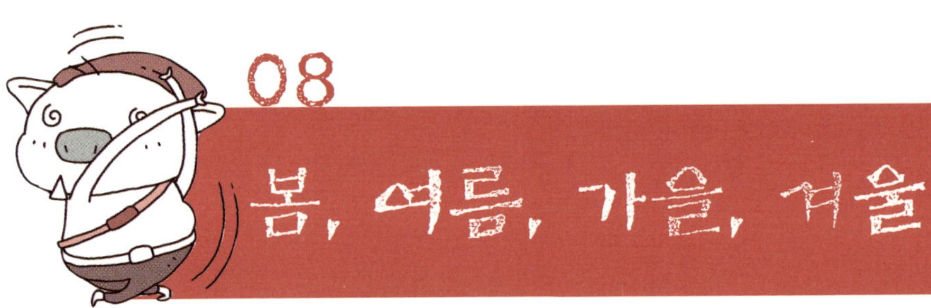

春 chūn

(명) 봄, 색정, 연정, 젊은 시절

봄은 처녀 총각의 마음도 흔들어 놓습니다. 그래서 욕정이나 열정을 뜻
하기도 합니다. 물론 젊음도 나타내지요.

春节 chūnjié 설(구정)　　　　　　　　　　　　　　**节** ◀ 節(절기 절)

중국 민족에게 가장 큰 명절이 바로 春节죠.

春天 chūntiān 봄

봄도 이음절화에 따라 春天을 자주 씁니다.

我最喜欢春天。 나는 봄을 가장 좋아합니다.

夏 xià

(명) 여름

夏는 우리에게 중국 고대의 왕조 이름으로도 친숙합니다. 우왕禹王이 세운 나라로 은殷나라 이전에 존재했다고 하죠.

夏天 xiàtiān 여름

앞서 살펴본 春天과 마찬가지로 자주 쓰는 표현입니다.
재미있는 단어 하나 배우고 갈까요. 중국어에서도 외국 지명이나 인명 등 고유명사는 소리를 본떠 표현하는 것이 일반적입니다.
그래서 夏威夷라는 표현이 생겨났습니다. 바로 하와이를 표현한 것이죠. 읽기는 xiàwēiyí. 근데 왜 夷(오랑캐 이)자가 들어가 있지?

秋 qiū
(명) 가을, 해, 시기

秋는 가을이라는 뜻 외에 다른 용법으로는 별로 쓰이지 않습니다.

秋天 qiūtiān 가을

冬 dōng (명) 겨울

冬 또한 마찬가지로 겨울이라는 뜻 외에는 별로 쓰이지 않는군요.

冬天 dòngtiān 겨울

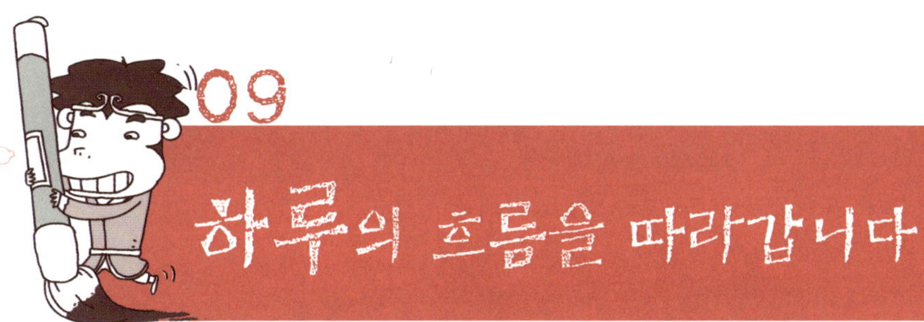

하루의 흐름을 따라갑니다

하루는 새벽에서 시작하여 아침, 점심, 저녁을 거쳐 밤에 저물게 되지요. 그럼
이런 하루의 흐름을 어떻게 표현하는지 배워봅시다.

早 zǎo　　(명) 아침　(형) 빠른, 이른　(부) 일찍이, 벌써

일반적으로 아침 역시 이음절화 추세에 맞추어 早上 이라고 합니다.

早上 zǎoshang　아침

早晨 zǎochén은 早上보다 약간 이른 시각, 새벽을 가리키지요.
아침에 먹는 밥은 早饭 zǎofàn(아침식사)입니다.

早饭吃什么?　아침은 무얼 먹을까?

饭 fàn은 飯(밥 반)의 간체자. 음식을 뜻하는 𩙿(食의 변형체)는 간체자에서
饣형태로 변합니다. (➡ 57쪽)

吃 chī는 喫(피울 끽)의 간체자인데, 우리말과는 달리 '먹는다, 식사하
다' 라는 뜻을 가지고 있어 자주 쓰입니다.

早早 **zǎozǎo** 일찌감치, 빨리

부사 용법으로도 쓰이는 早를 기억해 둡시다.

白 **bái**

> (명) 흰색 　(형) 흰, 밝은, 낮의
>
> (동) 분명히 밝히다 　(부) 무료로

대단히 다양하게 쓰이는 白는 낮을 나타낸다는 이유로 이곳에 등장했군요. 그러니 떡본 김에 제사 지낸다고 白의 뜻을 하나씩 알아봅시다. 우선 낮과 관련된 표현입니다.

白天 **báitiān** 낮, 주간

밝음에 중점을 두었기 때문에 오후보다는 오전의 기분이 강하죠.

白菜 **báicài** 배추

이때의 白는 '희다' 라는 뜻입니다. 배추는 흰 채소지 낮에 먹는 채소가 아닙니다.

白地 **báidì** 공터, 빈터

이때의 白는 '아무것도 없다' 는 뜻이군요.

白手起家 **báishǒuqǐjiā** 자수성가하다.

관용구인데 우리말로는 자수성가죠. '빈손으로 집을 일으켰다' 라는 뜻이네요. 중국어에서는 네 글자

로 된 관용구가 자주 쓰입니다.

白说 báishuō 쓸데없는 말을 하다.

说也白说。 말해도 소용없다.

우리말에서도 흰소리라고 하면 헛소리란 뜻이죠.

午 wǔ   (명) 오시(오전 11시부터 오후 1시까지), 정오

午는 정오라는 의미가 강하죠. 그래서 午를 중심으로 오전과 오후를
구분하고 있습니다.

上午 shàngwǔ 오전
中午 zhōngwǔ 정오
下午 xiàwǔ 오후

조심해야 할 것은 中午인데요, 우리는 正午(정오)라고 하지요.

午饭 wǔfàn 점심 식사   饭◀飯(밥 반)

晚 wǎn   (명) 저녁때, 밤 (형) 늦은, 끝의

晚은 '저녁, 밤' 의 의미를 갖습니다만 晚上이 자주 쓰입니다.

晚上 **wǎnshang** 저녁

晚上은 저녁식사 무렵 또는 그 이후를 가리키는 느낌이 강합니다.
그렇다면 저녁보다 약간 앞선 때는 무어라 할까요?

傍晚 **bàngwǎn** 해질녘, 저녁 무렵

다음에는 밤에 행하는 여러 가지를 알아봅시다.

晚饭 **wǎnfàn** 저녁 식사
晚会 **wǎnhuì** 이브닝 파티
晚到 **wǎndào** 늦게 도착하다, 지각하다

이는 형용사의 용법으로 쓰인 경우고요.

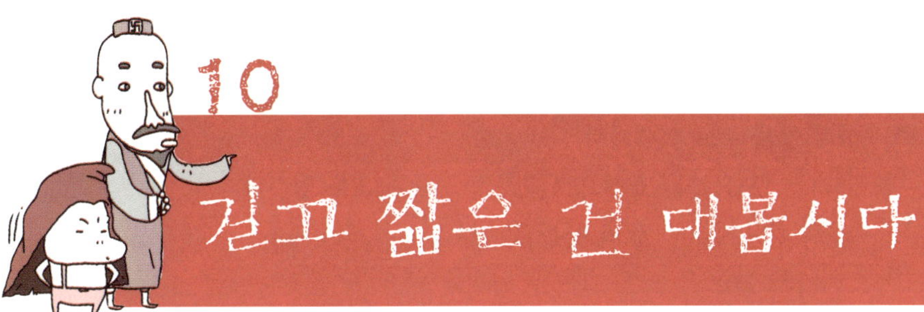

大 dà

(형) 큰, 넓은, 정도가 깊은, 뛰어난, 센

(부) 크게, 완전히, 매우 (명) 크기

大자는 흔하게 볼 수 있는 글자 가운데 하나죠. 사전을 찾아보아도 수많은 단어가 이 글자와 결합해 있습니다. 그럼 냄새가 좀 나지만 이런 단어부터 배워봅시다.

大便 dàbiàn 대변(을 보다)

大胆 dàdǎn 대담하다 　　　　　　　　　　胆 ◀膽(쓸개 담)

大가 호방하고 시원스런 성격을 나타내는 경우도 있습니다.

大方 dàfang 인색하지 않다. 시원스럽다, 거침없다

大概 dàgài 대개, 대략, 아마

大家 dàjiā (명) 대가, 권위자 (대) 여러분, 모두

大家는 여러분이란 의미로 자주 쓰이는데, 말하는 사람을 포함할 수

도, 하지 않을 수도 있습니다.

'모두'라는 뜻을 갖는 표현으로는 大伙儿 dàhuǒr도 있습니다. 伙 huǒ 는 '동료, 친구, 무리' 등의 뜻을 갖습니다.

大家洗耳！ 여러분, 주의해서 들으십시오.
洗耳 xǐ'ěr 경청하다.

재밌죠? '洗耳(씻을 세, 귀 이), 즉 귀를 씻는다'는 표현이 '경청하다'라 는 뜻으로 변했다니 말이에요. 우리는 좋지 않은 말을 들었을 때 '귀를 씻는다'고 하는데.

大街 dàjiē 큰길, 번화가
大陆 dàlù 대륙

陆은 陸(육지 육)의 간체자입니다. 생각보다 자주 쓰이는 글자라서 반드 시 기억해 두어야 합니다.

大楼 dàlóu 빌딩

중국 대도시에서 자주 보이는 단어 가운데 하나죠.

大量 dàliàng 대량(의), 도량이 넓은
大米 dàmǐ 쌀
大批 dàpī 다수의, 대량의, 대량으로

批는 '비판하다'란 뜻으로 자주 쓰이지만 '대량 도매'나 '한 무더기' 라는 뜻도 있군요.

大人 dàrén 연장자, 부모님에 대한 존칭
dàren 어른, 성인

발음의 차이에 따라 뜻에도 약간의 차이가 있군요.

大师 **dàshī** 거장, 권위자　　　　　　　　　　　**师** ◀師(스승 사)

불교에서 말하는 대사라는 뜻도 있지만 권위 있는 전문가라는 의미로
자주 쓰입니다. 이와 비슷하게 자주 쓰이는 단어가 大王입니다.

大王 **dàwáng** 대왕, 거물, 가장 뛰어난 사람

제품이나 상표에 자주 쓰이는 표현이지요.

大使馆 **dàshǐguǎn** 대사관　　　　　　　　　　**馆** ◀館(객사 관)

해외에 나가면 우리나라 대사관 연락처를 아는 것이 기본입니다.
이쯤에서 간체자 원칙 하나 배워봅시다. 간체자에 자주 나오는 변 가운
데 饣과 钅이 있습니다. 헷갈리기 십상이죠. 잘 기억해 둡시다.
饣은 食(먹을 식변)가 줄어든 형태죠. 다음처럼 말이죠.

飲 (마실 음) ➡ 饮 yǐn

館 (객사 관) ➡ 馆 guǎn

飢 (주릴 기) ➡ 饥 jī

飯 (밥 반) ➡ 饭 fàn

餃 (경단 교) ➡ 饺 jiǎo

반면에 钅는 金이 변한 형태입니다. 꽤 많겠죠? 그렇습니다. 금속과 관
련된 글자면 대부분 钅이 변으로 쓰입니다. 몇 개만 예로 들어볼까요.

鍾 (쇠북 종) ➡ 钟 zhōng 종, 시간

針 (침 침) ➡ 针 zhēn 바늘, 침

鋼 (강철 강) ➡ 钢 gāng 강철

錢 (동전 전) ➡ 钱 qián 동전, 돈

鐵 (철 철) ➡ 铁 tiě 철

銅 (구리 동) ➡ 铜 tóng 구리

이 외에도 많은 글자가 있으니까 앞으로 钅 이나 钅 이 들어가는 글자가
나올 때마다 지금 배운 것을 떠올려 보시길.

大蒜 dàsuàn 마늘

얼마나 매우면 大자를 넣었을까.

大雨 dàyǔ 호우, 큰비
大小 dàxiǎo 큰 것과 작은 것, 크기, 어른과 아이, 일의 사정
大学 dàxué 종합대학
大型 dàxíng 대형(의), 대규모(의)
大衣 dàyī 오버코트
大约 dàyuē 대략, 대강

우리말에서는 대략이라는 의미로 大略(대략)이란 한자어를 쓰지요. 주의!

小 xiǎo
(형) 작은, 어린, 젊은, 좁은
(접두) 성이나 이름 앞에 붙여 부르는 호칭. ~군, ~씨
(명) 어린이, 자녀

세상에는 큰 것 못지않게 작은 것도 많습니다. 아니 작은 게 더 많을지
도 모르죠. 그러니 小에 속한 단어가 많은 것도 당연.

小费 xiǎofèi 팁　　　　　　　　　　　　　　　费 ◀費(쓸 비)
작은 비용이니까 팁이군요.

58

小孩(儿) xiǎohái(r) 어린애

小伙子 xiǎohuǒzi 젊은이, 총각

주로 구어체에 쓰는 표현입니다. 伙 는 '친구, 무리' 등을 뜻하는 글자입니다. (➡ 56쪽)

小姐 xiǎojie 아가씨

小康 xiǎokāng 중산층의, 먹고 살만한

중국 정부의 목표가 전 국민이 小康 이 되는 거라는군요.

小麦 xiǎomài 밀

小朋友 xiǎopéngyou 꼬마(어른이 아이를 부르는 호칭)

小气 xiǎoqi 소심한, 인색한

大 에 비해 小 는 째째한 경우에 자주 쓰는군요.

小时 xiǎoshí 시간

한 시간은 一小时, 每个小时 는 시간마다.

小学 xiǎoxué 초등학교

小说 xiǎoshuō 소설

小心 xiǎoxīn 조심하다

중국에서는 조금 가파른 계단이나 에스컬레이터 등에는 예외 없이 小心 이라고 적혀 있더군요. 조심하라는 거죠.

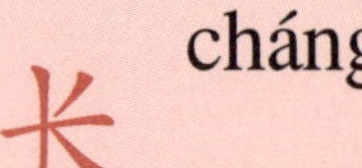

长	**cháng**	(형) 긴, 뛰어난　(명) 길이, 장점 (부) 영원히　(동) 길게 하다
	zhǎng	(형) 연상의　(동) 자라다

长은 長(길 장)의 간체자입니다. 발음이 cháng
과 zhǎng의 두 가지인데, 그에 따라 뜻도 약간
달라지지요. 대부분의 경우 cháng으로
발음된다는 사실, 기억해두세요.

长期　chángqī　장기간, 오랫동안
长途　chángtú　장거리
长袜　chángwà　스타킹
长大　zhǎngdà　자라다, 성장하다

短	**duǎn**	(형) 짧은　(동) 부족하다　(명) 단점

短은 우리말의 뜻과 별반 다르지 않군요.

短长　duǎncháng ＝ 长短　chángduǎn　장단점, 우열
短期　duǎnqī　단기, 단기간

高 **gāo**

(형) 높은, 우수한

(동) 높아지다, 존경하다　(명) 높이

'높다, 높아지다' 라는 뜻의 高는 역시 좋은 의미의 단어에 많이 쓰입니다. 그 대표적인 단어가 高兴이죠.

高兴 **gāoxìng** 좋아하다, 기뻐하다, 재미있는

高兴极了。정말 기뻐요.

兴은 興(흥할 흥)의 간체자입니다. 高兴은 대단히 자주 쓰이는 표현으로 반드시 기억해 두어야 합니다.

高等学校 **gāoděngxuéxiào** 단과대학과 전문대학의 총칭.

우리의 고등학교와는 다르므로 조심해야 합니다. 그럼 고등학교는 뭘까요?

高中 **gāozhōng** = 高级学校 고등학교
高级 **gāojí** 고급(의)
高大 **gāodà** 높고 큰, 고상한
高尚 **gāoshàng** 고상한, 품위가 있는
高度 **gāodù** 고도, 높이 (부)높이
高速公路 **gāosùgōnglù** 고속도로
高新技术 **gāoxīnjìshù** 하이테크, 첨단기술

术은 術의 간체자죠. 조심해야 할 점은 木으로 변했다는 점입니다. 훨씬 간단해진 거죠.

低 dī

(형) 낮은 (동) 고개를 숙이다

高는 대단히 자주 쓰이는 반면, 그 반대되는 低는 자주 쓰지 않는군요.
뜻은 '수준이나 위치가 낮은' 것을 나타냅니다.

低落 dīluò (평가가) 떨어지다
低级 dījí 초보의, 낮은 단계의

地 dì

(명) 지구, 대지, 토지, 장소, 지위

땅이야말로 생명의 터전입니다. 생명뿐이겠습니까? 삶의 모든 행위가 이루어지는 곳도 바로 대지죠. 그래서 地가 들어간 단어는 꽤 많습니다.

地点 dìdiǎn 지점, 장소
地方 dìfāng 지방

이때의 地方은 중앙에 대비되는 개념으로서 지방을 가리킵니다. 그래서 地方话 dìfānghuà하면 사투리를 뜻하죠.

地方 dìfang 장소, 부분

발음이 약간 변하니 뜻이 전혀 달라지는군요.

地理(学) dìlǐ(xué) 지리(학)
地面 dìmiàn 지면, 지상, 바닥, 구역
地球 dìqiú 지구

중국에서 전세계라는 의미로는 地球 대신 全球 quánqiú를 씁니다.

地区 dìqū 지구, 지역

우리말로는 地球와 발음이 같지만 중국어 발음은 다르죠? 그래서 중국
어 발음을 익힐 때 첫 번째 규칙은 우리 한자음으로 읽지 않는 것입니
다. '지구'라고 읽고 싶은 충동을 억누르고 '디취'라고 읽어야 하죠.
자꾸 우리 한자음으로 읽으면 읽을수록 중국어 마스터의 길은 멀어집
니다.

地铁 dìtiě 지하철
지하철로(地下铁路)의 약칭입니다.

地下 dìxià 지하
地址 dìzhǐ 소재지, 주소
地位 dìwèi 위치, 지위

草 cǎo

(명) 풀 **(동)** 창시하다 **(형)** 거친, 조잡한

땅 위에 있는 대표적인 생명체 가운데 하나가 木(나무)와 草(풀)인데 木는 앞서 살펴보았죠. (➡ 20쪽)

草는 중국어 발음이 한자음과 상당히 다릅니다.

草草 cǎocǎo 대강 대강

草가 가진 뜻 가운데 하나가 '거칠다, 조잡하다'란 형용사입니다. 그래서 다음 표현이 생겼나 봅니다.

草率 cǎoshuài 경솔하다, 대충하다, 소홀히 하다

물론 풀이란 뜻으로도 자주 쓰이죠.

草原 cǎoyuán 초원, 풀밭
草地 cǎodì 잔디, 풀밭
勿踏草地！ 잔디에 들어가지 마시오!

人 rén

(명) 사람, 인격, 체면, 일손, 어른

땅 위에서 가장 중요한 글자는 역시 人입니다. 뭐라고요? '렌'. 그렇습니다. '인'이 아니라 '렌'입니다.

人工 **réngōng** 인공의, 인력, 품삯

人口 **rénkǒu** 인구, 가족의 수

人家 **rénjiā** 인가, 주택, 가문

우리말로 '사람이 사는 집'이란 의미 외에 추상적인 '집안'이라는 의미도 내포하고 있습니다. 또 발음이 바뀌면 다른 뜻으로 변합니다.

人家 **rénjia** 남, 타인

人类 **rénlèi** 인류

중국에서는 人类란 말을 자주 씁니다. 우리가 세계란 말을 흔히 쓰듯 그렇게 씁니다. 类 lèi는 類(종류 류)의 간체자. 오른쪽 부분을 과감히 삭제했군요.

人们 **rénmen** 사람들

이때 人们은 말하는 사람은 포함하지 않습니다.

人民 **rénmín** 백성, 국민

우리가 잘못 쓰면 의심스러운 눈초리를 받기 십상인 人民이라는 단어가 중국에서는 가장 친숙한 단어입니다. 여길 가도 人民, 저길 가도 人民. 특히 정치·사회적인 구호가 많이 붙어 있는 중국이기에 정말 흔한 단어입니다. 그래서 중국의 화폐단위도 人民币 **rénmínbì** 죠. 币는 幣(비단 폐, 돈 폐)의 간체자입니다. 거의 다 없앴군요.

人民日报 **Rénmín Rìbào** 인민일보

报 ◂ 報 (알릴 보)

중국 공산당 기관지로 유명하죠.

중국의 국회에 해당하는 기관은 人民代表大会 rénmín dàibiǎodàhuì입니다.

人物 rénwù 인물

발음이 'rénwu' 로 바뀌면 '큰 인물, 대단한 인물' 이란 뜻입니다.

人行道 rénxíngdào 인도, 보도
人行横道 rénxínghéngdào 횡단보도
人生 rénshēng 인생
人造 rénzào 인조의, 인공의

인공위성은 人造卫星 rénzào wèixīng 이라고 부릅니다.

卫는 衛(지킬 위)의 간체자로 '지킨다, 보호한다' 는 뜻이죠.

卫生 wèishēng 위생적인
卫生纸 wèishēngzhǐ 화장지
卫生间 wèishēngjiān 화장실, 세면장 등 총칭.

山 shān   (명) 산 (형) 소리가 큰

중국의 北京이나 上海에 도착한 한국인이 놀라는 사실 하나가 있습니다. 바로 산이 없다는 것이죠. 그저 평평한 땅만 끝도 없이 펼쳐져 있는 것입니다. 자전거 타기에는 좋겠지만 조금만 보아도 싫증나는 풍경입니다. 우리나라 대부분의 도시처럼 야산과 평지가 어우러져 있는 모습이 외국인에게 새롭게 보이는 것이 다 이유가 있습니다.

山脉 shānmài 산맥

脉는 脈의 간체자가 아니라 같은 뜻을 가진 다른 형태의 글자입니다. 이체자라고 하지요.

山水 shānshuǐ 산과 물, 풍경
山谷 shāngǔ 골짜기
山区 shānqū 산간지대

江 jiāng (명) 강

江은 '강' 외에는 특별한 뜻이 없습니다.

扬子江 Yángzǐjiāng 양쯔강

扬은 揚(당길 양)의 간체자입니다. 역시 오른쪽 윗부분을 드러냈군요. 그런데 중국의 대표적인 하천 가운데 다른 하나인 黄河 Huánghé에는 江을 붙이지 않습니다. 河(강 하)가 강을 뜻하니까요.

石 shí (명) 돌, 바위

石는 '돌'이란 뜻이지만 2음절화에 따라 石头로 씁니다.

石头 shítou 돌
石油 shíyóu 석유

道 dào

(명) 길, 도로, 방법, 기술, 도리

(동) 말하다, 생각하다

道는 길을 뜻하는 명사이면서 한편으로는 '말하다, 생각하다' 란 동사처럼 그 의미가 확장된 형태로 자주 사용됩니다. 끝없이 펼쳐진 길을 한없이 걷다 보면 생각에 이르게 되고 그 생각을 말하게 되기 때문이겠죠.

道德 dàodé 도덕

이런 단어를 보면 '덕에 이르는 길, 덕을 생각함' 같은 의미가 떠오르지 않으세요?

道理 dàoli 법칙, 도리, 방법

우리말 '도리' 란 의미 외에 '방법' 의 의미로도 자주 사용합니다.
이번에는 '길' 이라는 의미로 사용되는 경우입니다.

道路 dàolù 도로, 길
道儿 dàor 도, 길, 두루
道口 dàokǒu 교차로, 건널목

이번에는 말한다는 의미로 쓰인 경우입니다.

道歉 dàoqiàn 사과하다

路도 道와 같이 '길, 도로' 란 의미가 강하죠.

路上 lùshang 노상, 길
路经 lùjīng 도로, 경로, 코스

经은 經(날 경)의 간체자. 糸이 纟로 바뀌는 것도 간체자 규칙 가운데 하나입니다.

    路子 lùzi 수단, 방법
    路线 lùxiàn 노선, (사상적) 방침, 원칙, 방향

路线은 '코스, 노선'이라는 의미와 함께 '사상이나 원칙의 방향, 계획'이라는 의미로 자주 쓰입니다.
线은 線의 간체자죠. 자세히 알아볼까요.

    线头 xiàntóu 실오라기, 실마리
    线路 xiànlù 회로, 노선

위에서 본 路线을 거꾸로 놓으니까 뜻이 달라지는군요.

花 huā   (명) 꽃, 여자 (동) 돈을 쓰다, 소비하다
                (형) 현혹하다, 교묘하다

花는 꽃이라는 의미에서 시작해 '여자, 교묘하다, 소비하다'와 같은 뜻으로 확대되어 사용됩니다. 역시 꽃은 저금통장보다는 소비, 남자보다는 여자, 투박함보다는 기교와 가깝군요.
한편 꽃이라는 의미로는 花儿 huār을 자주 씁니다.

이쯤에서 아주 중요한 글자를 배워봅시다.
儿 ér은 본래 兒(아이 아)의 간체자입니다.

    儿子 érzi 아들

儿童 értóng 아동, 어린이

그런데 이런 뜻보다는 다른 용법으로 자주 쓰이는데요. 다음 단어를 봅시다.

水珠儿 shuǐzhūr 물방울
小猫儿 xiǎomiāor 고양이 새끼

이런 경우 儿은 명사의 접미사로 쓰여 작고 귀여운 것을 나타내지요. 그리고 이런 경우도 있습니다.

天儿 tiānr 날씨
花儿 huār 꽃

단음절, 즉 한 글자짜리 명사 뒤에 쓰여 2음절 단어로 만드는 역할이죠. 그 외에 동사 또는 형용사 뒤에 쓰여 명사로 만들기도 하며, 구체적인 사물의 추상화에도 쓰입니다. 북경 사람들이 쓰는 북방 사투리는 단어 끝을 '-r'로 만드는 특징이 있는데 그때 儿이 쓰이죠.
여하튼 儿은 별 의미 없이 자주 쓰이므로 처음에는 혼란스럽지만 시간이 지날수록 익숙해지니까 너무 고민하지 마십시오.
나시 花 huā로 돌아갈까요.

花边 **huābiān** 레이스
花蕾 **huālěi** 꽃봉오리
花样 **huāyàng** 무늬, 계략, 속임수
花哨 **huāshao** 화려한, 산뜻한
花头 **huātou** 지출, 기생, 성가신 일

다음 단어는 글자와는 전혀 다른 뜻을 내포하고 있어서 보는 사람마저
헷갈리는군요.

花费 **huāfēi** 소비하다

huāfèi 비용

위에서 살펴본 대로 花는 다양한 의미로 사용됩니다. 그저 '꽃'이라는
뜻이려니 지레짐작하지 마시고 잘 살펴보아야 하겠습니다.

tóu

头

tou

(명) 머리, 두발, 두목, 정상, 첫머리

(접두) 최초의, 제1의 (형) 앞의, 전의

(양) 두, 필(가축을 세는 단위)

(접미) ①명사 뒤에 붙음 ②형용사 뒤에 쓰여 추상
명사를 만듦 ③동사 뒤에 붙어 그 행동이 가치가
있음을 나타냄 ④방위나 뒤에 쓰임

头는 頭(머리 두)의 간체자죠. 다음과 같은 단어에서 찾아볼 수 있습니다.

头发 tóufa 머리카락

头痛 tóutòng 두통, 두통이 나다

头晕 tóuyūn 현기증이 나다

그런데 이 정도는 头의 시작에 불과합니다.

头儿 tóur 우두머리, 대장

一头牛 yī tóu niú 한 필의 소

头一个 tóu yī ge 처음의 하나

위 표현들이 头의 또 다른 의미를 나타내고 있습니다. 그런데 더욱 자주 쓰이는 용법이 바로 접미사 용법입니다. 儿와 같이 시도 때도 없이 나타나니까요. 우선 2음절화를 위해 쓰이는 경우인데, 石头, 木头가 그런 경우죠.

또 형용사 뒤에 붙어 추상명사를 만들기도 하는데 苦头儿(고통, 고생)가 그런 경우입니다.

또 有说头 하면 '논할 가치가 있다, 언급할 만하다' 라는 의미로, 동사와 함께 쓰이는 용법입니다. 마지막으로 前头(앞), 后头(뒤) 등과 같이 방향을 나타내는 글자에 붙는 경우죠. 앞서 살펴본 바 있습니다. 역시 머리군요. 복잡하고 골치 아프니까요.

眼 yǎn　(명) 눈, 시력, 요점

눈에는 眼 yǎn과 目 mù가 있습니다. 우리말에서는 육체적인 눈을 나타낼 때는 眼, 추상적인 의미로는 目를 자주 쓰지요. 중국어에서는 眼이 目보다 더 자주 그리고 넓게 쓰인다는 사실 기억해 둡시다.

眼镜 yǎnjìng 안경　　　　　镜◀鏡(거울 경)

안경을 맞춘다고 할 때는 配眼镜을 씁니다.

眼睛 yǎnjing 눈, 눈알

실제로 눈을 표현할 때 주로 쓰는 표현입니다. 위에 나온 '안경'의 발음과 헷갈리지 않도록 주의하세요.

眼科 yǎnkē 안과
眼泪 yǎnlèi 눈물
眼皮 yǎnpí 눈꺼풀
眼前 yǎnqián 눈앞, 현재, 목전
眼前利益 눈앞의 이익

추상적인 의미의 눈앞, 현재와 구체적인 의미의
눈앞을 동시에 내포하고 있습니다.

目 mù　　　(명) 눈, 목록　(동) 보다, 간주하다

일반적으로 眼에 비해 보다 추상적인 의미로 사용되지요.

目标 mùbiāo 목표, 목적, 표적

공장이나 현장에서 자주 볼 수 있는 글이 바로 达到目标(목표에 도달하
다)입니다. 达은 達(이를 달)의 간체자, 标는 標(표식 표)의 간체자입니다.
볼 수 있도록(示, 보일 시) 木(나무 목)을 세워놓은 게 표식이라는 의미군요.
간체자가 번체자를 단순히 줄인 것이 아니라 새로운 의미로 만든 경우
도 많은데, 이 글자도 그런 경우입니다.

目的 mùdì 목적
目录 mùlù 목록

이번에는 단순히 줄인 간체자가 나타나는군요. 录는 錄(기록 록)의 간
체자입니다. 왼쪽 부분을 가차 없이 쳐냈군요.

目前 mùqián 현재, 지금
眼前보다 추상적인 의미가 강하군요.

颜 yán　　　　　(명) 얼굴, 색

颜은 顏의 간체자입니다. 頁가 页로 변한 거죠. 이것도 간체자 만드는
원칙 가운데 하나입니다. 또 貝, 見같이 目이 들어간 글자들이 모두
贝, 见으로 변합니다. 단 目은 변하지 않습니다. 조심!

颜色 yánsè 색, 안색
우리말에서는 '안색', 즉 얼굴 표정의 느낌을 가리키는 단어인데, 중국
에서는 단순히 '색' 또는 '용모'라는 의미로 자주 쓰입니다.

76

面 miàn

(명) 얼굴, 표면, 방면　(접미) ～쪽(방위사에 붙임)

(명) 밀가루, 국수　(명) 겉면, 개(물건을 세는 단위)

(동) 면하다, 마주보다

우리말에서는 顔(얼굴 안)이 구체적인 얼굴을 뜻하는 반면 面은 추상적인 얼굴, 즉 '면목'이나 '체면' 같은 의미가 강하죠. 중국어에서도 그런 느낌이 강한데, 특히 面에는 그 외의 다른 용법이 많습니다. 다음을 볼까요.

面 miàn이 접미사로 쓰일 때는 边과 뜻이 유사합니다. 그래서 上边=上面, 左边=左面이죠. 面은 그 외에도 여러 가지 뜻을 가지고 있는데요, 실생활에서는 음식 이름에 자주 쓰입니다.

빵은 面包 miànbāo, 밀가루는 面粉 miànfěn, 국수는 面条 miàntiáo. 즉 面이 '밀가루'를 뜻하므로 밀가루로 만든 음식에 자주 쓰이는 거죠.

面积 miànjī 면적		积 ◀積(쌓을 적)
面目 miànmù 용모, 입장, 체면		
面貌 miànmào 용모, 생김새, 모습		
面试 miànshì 면접시험		试 ◀試(시험할 시)

특히 面은 '얼굴, 체면' 같이 얼굴이라는 의미로 많이 쓰입니다.

项 xiàng   (명) 목(덜미), 경비, 항목

项은 목덜미를 가리키는데, 실제로는 항목이라는 의미로 자주 씁니다.

项链 xiàngliàn 목걸이   链◀鏈(쇠사슬 련)

项目 xiàngmù 항목

身 shēn   (명) 신체, 몸, 신분

身은 신체를 뜻하죠. 신체로부터 풍기는 느낌, 즉 신분이나 품격을 뜻하기도 합니다.

身材 shēncái 몸집, 체격

身体 shēntǐ 신체, 몸

身边 shēnbiān 신변, 몸

身份 shēnfèn 신분, 지위

身份은 身分 shēnfen과 같은 뜻으로 어느 것을 써도 괜찮습니다.

份 fèn은 우리나라에서는 거의 쓰지 않는 한자입니다. 그러나 중국에서는 꽤 자주 쓰죠. 특히 행정구역명 뒤에 붙어 그 구역의 범위를 나타내므로, 거리에서 자주 볼 수 있습니다.

口 kǒu

(명) 입, 말솜씨, 출입구, 맛

(양) 사람, 가축, 물건 등을 세는 단위

입은 말의 통로이기 때문에 어학 공부에서 가장 중요한 부분이죠. 입을 뜻하는 글자 口 kǒu도 그만큼 자주 쓰이고 중요합니다.

口袋 kǒudài 주머니, 자루, 부대

옷에 달린 주머니뿐만 아니라 물건을 넣는 자루도 이렇게 표현합니다.

口红 kǒuhóng 립스틱

红 ◀紅(붉을 홍)

붉은 입이 립스틱이라. 그럼 보라색 립스틱은 뭐라 하나?

口号 kǒuhào 구호, 슬로건
口罩 kǒuzhào 마스크

사스나 조류독감뿐만 아니라 황사의 근원지 중국에서는 마스크가 필수죠.

耳 ěr

(명) 귀, 손잡이 **(동)** 듣다

2음절화를 위해 가장 자주 쓰이는 글자가 儿, 头임은 앞서 살펴보았습니다. 그 외에 단어에 따라 다양한 글자가 붙는데 耳는 이렇게 변하는군요.

耳朵 ěrduo 귀

朵 duǒ는 뜻이 '꽃, 꽃봉오리, 송이' 입니다.
귀가 꽃봉오리만큼 예뻐서 이런 표현이 생겼을까요?

耳环 ěrhuán 귀고리　　　　　　**环** ◀環(고리 환)

耳光 ěrguāng 따귀

耳听 ěrtīng 귀로 듣다

听은 聽(들을 청)의 간체자. 뜻은 '듣는다' 는 것
인데 간체자는 말하는 입(口)을 활용했군요.

胸 xiōng　　　　(명) 가슴, 마음

胸은 육체적인 가슴, 추상적인 의미의 마음, 의지 등을 나타냅니다.

胸脯 xiōngpú 가슴

실제로 '가슴' 이라는 의미로는 2음절어인 이 단어가 쓰이겠군요.

胸针 xiōngzhēn 브로치　　　　　　　　　　**针** ◀針(침 침)

针은 앞서 살펴보았지요. 針(바늘 침)의 간체자라고 말이죠.

肝 gān　　　　(명) 간

肝은 오장 가운데 하나인 간장을 뜻합니다.

肝脏 gānzàng 간장　　　　　　　　　　　**脏** ◀臟(오장 장)

心   xīn

(명) 가슴, 마음, 심장, 느낌, 생각,
중심, 근본, 의지

心은 육체의 한 부분인 심장 외에 추상적인 의미의 가슴, 마음, 그리고 그로부터 파생된 다양한 의미를 내포하고 있습니다.

心得 xīndé   경험, 체험, 깨닫다

心里 xīnli   마음속, 심중, 가슴

心情 xīnqíng   심정, 기분

心脏 xīnzàng   심장

手   shǒu

(명) 손, 전문가   (형) 간편한   (부) 손수, 직접

인류가 지구의 지배자로 우뚝 서게 된 결정적 계기는 손의 사용이라지요. 그만큼 문명과 손은 떼려야 뗄 수 없는 밀접한 관계를 가지고 있습니다.

手腕子 shǒuwànzi   손목

그냥 手腕 shǒuwàn이라고 하면 손목 외에 '술수, 수완' 같은 뜻도 갖게 됩니다.

手指 shǒuzhǐ = 手指头 shǒuzhǐtou   손가락

手掌 shǒuzhǎng   손바닥

이번에는 손으로 사용하는 물건들입니다.

手提包 shǒutíbāo 핸드백, 손가방

手提는 '손으로 들다'란 뜻입니다. 당연히 包 bāo는 가방이란 뜻이겠죠.

手机 shǒujī 휴대전화   机 ◀機(베틀 기)

手表 shǒubiǎo 손목시계

手绢 shǒujuàn 손수건

手套 shǒutào 장갑, 글러브

手镯 shǒuzhuó 팔찌

다음에는 손으로 하는 작업과 관련된 표현들입니다.

手段 shǒuduàn 수단, 잔재주, 솜씨

手术 shǒushù 수술   术 ◀術(꾀 술)

手工 shǒugōng 손으로 하다, 수공예

手续 shǒuxù 수속, 절차

续은 續(이을 속)의 간체자입니다. 卖는 賣(팔 매)의 간체자인데 다른 글자에 포함된 경우에도 그대로 쓰이는군요.

賣(팔 매)를 보았으니 買(살 매)의 간체자도 알아볼까요. 买가 買의 간체자입니다. 卖가 모자를 벗었군요.

指 zhǐ   (명) 손가락, 의향, 의도 (동) 가리키다, 지적하다 (양) 깊이 또는 폭을 재는 단위

手가 손을 가리킨다면 손가락, 발가락은 指로 표시합니다.

手指 shǒuzhǐ 손가락

脚指 jiǎozhǐ 발가락

指甲 zhǐjiǎ 손톱

指甲油 zhǐjiǎyóu 매니큐어

指는 '가리키다, 지적하다, 지도하다' 란 동사로도 자주 쓰입니다.

指出 zhǐchū 지적하다, 가리키다

指挥 zhǐhuī 지시(하다), 지휘(하다) = 指示 zhǐshì 지시(하다)

挥는 揮(휘두를 휘)의 간체자.

指导 zhǐdǎo 지도(하다)　　　　　导 ◀ 導(이끌 도)

足 zú　　(명) 발, 다리　(형) 넉넉한, 충분한, 오만한
　　　　(부) 마음껏, 충분히

손에 비해 足의 역할은 크지 않습니다. '다리, 발' 이라는 의미 외에 '충분하다' 라는 의미를 갖고 있음에 유의하십시오.

足够 zúgòu 충분하다, 족하다

足球 zúqiú 축구

우리나라의 족구와는 달리 중국에서는 축구를 足球라고 합니다. 그럼 내친 김에 단어 하나 더 알아볼까요.

比赛 bǐsài 시합, 경기, 시합하다

赛은 생소한 賽의 간체자죠. 우리나라에서는 거의 쓰지 않는 글자입니다. 다만 중국에서는 하루가 멀다 하고 쓰는 글자입니다. 바로 '경기, 시합,

경기하다' 라는 뜻을 갖거든요. 그래서 결승은 决赛 juésài, 축구시합은 足球赛, 경주(달리기)는 赛跑 sàipǎo라고 합니다.

背 bèi

(명) 등, 뒷면, 뒤　(동) 등지다, 떠나다

(형) 외딴, 재수없는

背는 등을 가리킵니다. 그 외에 '등지다, 짊어지다, 떠나다' 같은 동사로도 자주 사용됩니다. 방향을 나타낼 때는 '뒤'를 의미하죠.

背面 bèimiàn 배후, 뒤, 후면
背后 bèihòu 배후, 남몰래

'남몰래, 비밀리에' 라는 뜻으로는 背地 bèidì, 背人 bèirén 등의 표현도 있습니다.

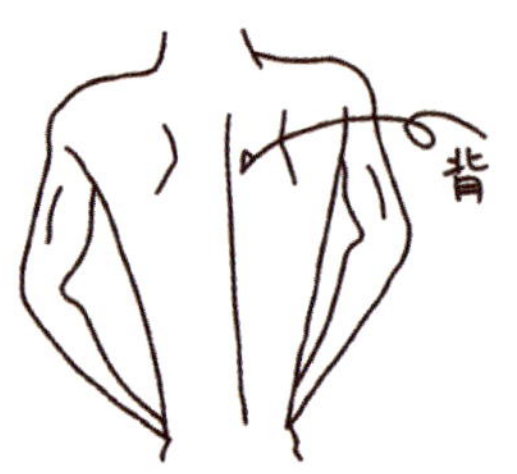

脚 jiǎo

(명) 발

足가 다리를 뜻하는 반면 脚는 발을 의미합니다. 그래서 이런 단어가 생겨났지요.

脚后跟 jiǎohòugēn 발뒤꿈치
脚尖 jiǎojiān 발끝
脚腕子 jiǎowànzi 발목

舌 shé

舌는 혀, 그리고 혀를 이용해 이루어지는 말과 관련된 의미를 표현합 니다.

　　舌头 shétou 혀

2음절화된 단어군요.

腿 tuǐ

腿는 足와 같이 다리를 의미합니다.

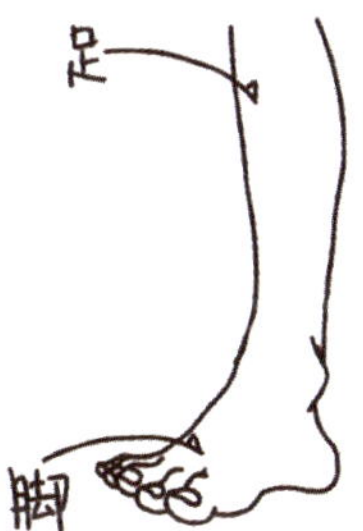

　　大腿 dàtuǐ 허벅지
　　小腿 xiǎotuǐ 종아리

鼻 bí

실제 코라는 의미로 쓰이는 단어는 2음절화된 鼻子입니다.

　　鼻子 bízi 코
　　鼻孔 bíkǒng 콧구멍

가족을 소개합니다

家 **jiā/jia**　　(명) 가족, 집, 전문가　(접미) 명사 뒤에 쓰임

가족의 출발은 역시 家로부터 시작됩니다. 家는 구체적인 '가족, 집' 뿐 아니라 추상적인 의미의 '가정'도 포함합니다.

家具 **jiājù** 가구
家庭 **jiātíng** 가정
家乡 **jiāxiāng** 고향

乡은 정말 이상한 형태군요. 만들다 만 듯한 느낌이죠. 사실은 만들다 만 것이 아니라 너무 많이 줄인 글자죠. 鄉(고향 향)의 간체자니까요. 고향이란 뜻으로는 老家 lǎojiā, 故乡 gùxiāng도 자주 쓰입니다.
또 '어떤 부류의 사람'을 뜻하기도 하지요.

政治家 **zhèngzhìjiā** 정치인
艺术家 **yìshùjiā** 예술가

父 **fù** (명) 아버지, 부친

父 fù와 夫 fū(남편)는 반드시 구별해야 합니다. 우리말에서도 혼동을 일으키는 경우가 많은데 중국어에서도 마찬가지죠.

父亲 **fùqin** 아버지, 부친
祖父 **zǔfù** 할아버지

우리도 '아버지'를 부를 때 '부친' 하지는 않지요. 중국에서도 마찬가지여서 호칭으로는 爸爸 bàba를 씁니다. 爸 bà는 '아빠, 아버지' 라는 뜻이죠.

할아버지를 부를 때는 爷爷 yéye, 엄마는 妈妈 māma라고 부릅니다.
亲 qīn도 줄어든 글자인데 親(친할 친)의 간체자입니다. 그럼 나온 김에 좀더 알아볼까요.

亲 **qīn** (명) 부모, 육친, 혼인 (형) 친한, 사이좋은
(동) 좋아하다 (부) 스스로

亲처럼 글자의 절반 이상을 뭉텅이로 떼어내면 원래 한자에 익숙했던 우리에게는 영 낯설게 보입니다. 그러나 쓰다 보면 확실히 편하답니다.

亲爱 qīn'ài 사랑하다, 사랑하는

爱도 愛(사랑할 애)의 간체자입니다. 心 대신 友가 들어갔지만 뜻은 여전히 '사랑하다, 사랑'.

亲戚 qīnqī 친척
亲切 qīnqiè 정성어린, 친근한, 가까운, 그리운

亲切는 우리말과는 약간 다른 느낌이죠.

亲自 qīnzì 직접, 친히

위에서는 亲이 부사적 의미로 쓰였습니다. 亲眼 qīnyǎn(자기 눈으로)도 같은 경우입니다.

앞서 살펴본 대로 '엄마'를 부를 때는 妈妈 māma를 씁니다.

母亲 mǔqin 어머니
祖母 zǔmǔ 할머니

할머니를 부를 때는 奶奶 nǎinai.

兄 xiōng　(명) 형

兄은 형, 동생은 弟 dì이지만 실제로 哥哥 gēge를 주로 씁니다. 동생은
弟弟 dìdi라고 불러야겠죠?

姐 jiě　(명) 누나, 언니

姐 jiě는 언니, 妹 mèi는 여동생을 가리킵니다. 그래서 자매는 姐妹.
실제로는 2음절 어휘인 姐姐 jiějie와 妹妹 mèimei가 쓰인다는 사실, 기
억해 둡시다.
그러고 보니 가족을 부를 때는 대부분 중첩된 형태를 사용하는군요.

夫 fū　(명) 남편, 성인남자

앞서 잠깐 살펴보았습니다만 夫는 父와 다릅니다. 父가 자식 입장에서
본 것이라면 夫는 아내 입장에서 본 것이죠. 실제로 남편을 가리킬 때
는 丈夫 zhàngfu를 씁니다.

夫人 fūren 부인(아내의 높임)

그렇다면 아내는? 婦(아내 부)의 간체자 妇 fù를 쓰지요.

夫妇　fūfù　부부

妇女　fùnǚ　부녀자

妻는 妇와 뜻이 비슷합니다. 그래서 부부를 夫妇 또는 夫妻 fūqī라고
씁니다. 또 아내를 妻子 qīzi라고도 하지요.

子는 중국어에서 가장 자주 나오는 글자 가운데 하나입니다. 왜?
앞서 살펴본 바 있는데, 현대 중국어에서는 2음절어로 만들어 사용하
는 경향이 강하다고 배웠죠. 그래서 子는 대부분의 명사 뒤에 붙어 2음
절어를 만들죠. 그럴 뿐 아니라 '명사화'에도 쓰이고 수량을 나타내는
품사 뒤에 붙기도 합니다. 한마디로 접미사로 쓰이는 경우가 대단히 많
죠. 그렇다면 지금 우리가 배우려는 '아들, 자식'이라는 뜻으로는 어떻
게 쓰일까요.

父子　fùzǐ　부자

子弟　zǐdì　자제

子孙　zǐsūn　자손, 후예

孙는 孫(손자 손)의 간체자입니다. 손자는 어린 사람이니까 小(작을 소)를 넣었군요. 제 생각에는 이런 형태가 간체자의 정신을 가장 잘 살린 글자 같습니다. 옛 형태를 새로운 의미로 전환, 간략화한 것 말이죠. 여기서 잠깐!

子가 명사 뒤에 붙어 접미사로 쓰인 경우를 배워 봅시다. 생활 속의 물건 이름을 살펴볼 좋은 기회죠.

桌子 zhuōzi 탁자

桌는 우리가 쓰는 한자 卓(탁자 탁)과 비슷해 혼동하기 쉬운데, 발음은 전혀 다릅니다.

包子 bāozi 만두
杯子 bēizi 잔, 컵

杯는 盃(잔 배)와 같은 뜻을 갖는 이체자입니다.

被子 bèizi 이불
本子 běnzi 공책
鼻子 bízi 코
脖子 bózi 목, 목덜미
叉子 chāzi 포크
虫子 chóngzi 벌레, 곤충
刀子 dāozi 칼, 나이프

肚子 dùzi 는 '배, 복부, 위'를 가리키는데, 특별히 dǔ로 발음하면 '위'를 나타냅니다.

房子 fángzi 집, 건물

孩子 háizi 아이, 어린이

孩는 어린애라는 뜻인데, '아이'라는 뜻을 가진 儿을 더한 孩儿 háiér
도 '아이, 자식'이란 뜻을 갖습니다.

胡子 húzi 수염

胡가 鬍의 간체자로 쓰일 때는 '수염'을 뜻하지만, 간화되지 않고 쓰일
때는 북쪽 오랑캐를 뜻하기도 합니다. 중국 한족의 눈에 오랑캐는 외부
민족이었기 때문에 지금도 胡가 들어간 표현은 대부분 외국에서 유입
된 것을 나타냅니다.

胡萝卜 húluóbo 홍당무
胡椒 hújiāo 후추

饺子 jiǎozi 교자, 만두
镜子 jìngzi 거울　　　　　　　　　　　　　　　　**镜** ◀鏡(거울 경)
桔子 júzi 귤

桔은 橘(귤 귤)의 속자입니다. 한마디로 같은 글자란 뜻이죠.

句子 jùzi 문장
筷子 kuàizi 젓가락
例子 lìzi 예, 보기
帽子 màozi 모자
脑子 nǎozi 머리, 두뇌

脑는 腦(두뇌 뇌)의 간체자입니다. 脑가 들어가는 어휘 가운데 电脑
diànnǎo가 있습니다. 电는 電(전기 전)의 간체자니까 전기로 만든 두뇌라
는 뜻으로, 컴퓨터를 가리킵니다.

盘子 pánzi 접시, 쟁반

盘 pán은 盤(소반 반)의 간체자입니다. 약간 생략했군요.

瓶子 píngzi 병

액체를 넣는 용기를 가리킵니다.

旗子 qízi 깃발
裙子 qúnzi 치마
嗓子 sǎngzi 목, 목도리
沙子 shāzi 모래
勺子 sháozi 국자, 주걱
绳子 shéngzi 밧줄
毯子 tǎnzi 담요

毯 tǎn은 깔개, 담요를 가리킵니다. 地毯은 바닥에 까는 것이니까 카펫.

兔子 tùzi 토끼
袜子 wàzi 양말

衤은 衣(옷 의)의 변형자입니다. 따라서 衤가 들어간 글자는 대부분 옷과 관련되는군요. 衤(옷 의)+末(끝 말)이라 마지막에 입는 옷. 그래서 양말이 군요.

屋子 wūzi 방

屋은 '집, 가옥, 방' 등을 나타내는 글자인데, 子가 붙어 '방'을 뜻하게 되었군요.

箱子 xiāngzi 상자
样子 yàngzi 모양, 형태
叶子 yèzi 나뭇잎

叶는 葉(잎 엽)의 간체자입니다. 도저히 이유를 알 수 없게 변했군요. 이런 경우는 드문데 말이죠.

影子 yǐngzi 그림자
院子 yuànzi 마당, 정원
种子 zhǒngzi 종자, 씨앗

种은 種(씨앗 종)의 간체자입니다. 복잡한 重(무거울 중) 대신 음이 같으면서 필획이 간단한 中으로 바꿨군요.

자연은 어떤 모습일까요

요즘 신문이나 TV의 일기예보를 보면 복잡하죠. 우리가 궁금한 것은 오늘 날씨가 어땠나(관심 없는 사람도 많지만), 내일 기온이 어떨까, 비가 올까, 모레는 어떨까? 뭐 이 정도 아니겠어요.

雨 yǔ　　　(명) 비

가장 기본이 되는 자연현상은 雨(비 우)입니다. 그래서 자연현상을 나타내는 여러 글자에 雨는 모두 들어가 있죠.

雨衣 yǔyī 우비
下雨 xiàyǔ 비가 오다

雨霧 yǔwù 안개비

본래 안개를 나타내는 글자는 霧(안개 무)인데, 그 간체자가 雾입니다. 務(힘쓸 무)의 간체자가 务니까요.

雷雨 léiyǔ 천둥과 함께 내리는 비

위 두 자연현상도 어김없이 雨에서 비롯되었군요.

雪 xuě   (명) 눈 (형) 눈처럼 흰

雪에는 '눈처럼 흰' 같은 형용사, '죄를 씻다' 같은 동사의 의미도 포함되어 있습니다.

雪白 xuěbái 눈처럼 흰

云 yún   (명) 구름 (동) 말하다

云은 약간 복잡한 구조를 가지고 있습니다. 구름이라는 의미로는 본래 雲(구름 운)을 썼는데, 간체자로 云이 되었습니다. 그런데 본래 '말하다'라는 의미의 云도 있었죠. 그래서 지금은 云이 두 가지 뜻을 동시에 나타내게 되었습니다.

浪 làng   (명) 파도 (부) 헛되이

우리는 파도라는 의미로 波(물결 파)를 많이 쓰는데, 중국어에서는 浪을 씁니다. 실제로는 浪头 làngtou라고 많이 쓰지요. 波 bō는 '물결, 파동' 같은 뜻과 함께 '파급시키다' 라는 동사적 의미도 있습니다.

波浪 bōlàng 파랑, 물결

浪에는 또 '함부로, 헛되이' 라는 부사적 의미도 담겨 있습니다. 그래서 이런 단어에도 쓰이죠. 우리말과 별반 다르지 않군요.

浪费 **làngfèi** 낭비하다

风 **fēng**　(명) 바람, 풍조, 정경, 소식

风은 風(바람 풍)의 간체자입니다. 중국에서는 바람이 썩 고마운 존재가 아닌가 봅니다. 아무리 간체자라고 해도 ×은 별로 좋지 않은 뜻이니까요. 凶 xiōng(불행한)이 ×이 쓰인 대표적인 글자인 것만 보아도 알 수 있죠.

风景 **fēngjǐng** 풍경
风力 **fēnglì** 풍속, 풍력
风气 **fēngqì** 풍조, 풍속
风俗 **fēngsú** 풍속

이번에는 자연의 모습입니다. 자연이 빚어낸 여러 형태를 살펴보겠습니다.

海 hǎi   (명) 바다 (형) 넓고 큰

바다는 생명의 원천이자 자원의 보물창고로 일컬어지고 있죠.

海岸 hǎi'àn 해안
岸 àn은 '해안 기슭'을 뜻하는 글자입니다.

海关 hǎiguān 세관
사업하는 분들이 반드시 알아두어야 할 단어입니다. 우리는 稅關이라고
하는데 중국어에서는 海关이라고 합니다. 관세라는 표현도 海税 hǎishuì
로 쓰죠. 关은 關(빗장 관)의 간체자입니다. 關을 줄여 閞 으로 쓰는데, 거기
서 또 문을 떼어내 버렸군요.

海外 hǎiwài 해외, 외국

바다와 연관된 글자들도 함께 알아볼까요.

湖 hú 호수
島 dǎo 섬   岛 ◀島(섬 도)
坡 pō 언덕
沙 shā 모래

'모래'라고 할 때는 앞서 살펴본 대로 沙子 shāzi라고 씁니다. 沙를 쓰는

단어중 특이한 것이 沙发 shāfā(소파)입니다.

중국에서는 소파에 모래를 넣느냐고 반문하신다면 곤란하죠. 외국어 '소파 sofa'를 음역한 것입니다. 그 외에 沙拉子 shālāzi라는 단어도 있는데 '샐러드'를 음역한 것이죠. 황사의 진원지인 사막은 沙漠 shāmò로 표기합니다.

田 tián　　(명) 논, 밭

田은 엄밀히 말하면 자연이 아니죠. 사람이 개간해서 조성한 땅이니까요. 그렇지만 도시를 삶의 터전으로 삼고 있는 현대인들에게는 농촌의 모든 것이 자연으로 여겨집니다.

麦田 màitián 보리밭
油田 yóutián 유전
田径 tiánjìng 육상경기

径◀徑(지름길 경)

이때 田은 필드 경기를, 径은 트랙 경기를 가리킵니다.

田野 tiányě 들, 야외

밭에서 나는 농작물은 庄稼 zhuāngjia라고 합니다. 庄은 莊(풀 성할 장)의 간체자죠. 자세히 알아볼까요.

'마을, 시골' 이라고 쓸 때는 역시 2음절로 만들어 庄子 zhuāngzi라고
씁니다.

庄重　zhuāngzhòng　정중한
庄严　zhuàngyán　장엄한, 엄숙한

严은 嚴(엄숙할 엄)의 간체자로, 뜻은 '엄한, 엄격한, 빈틈없는.' 그래서
다음과 같은 단어에 쓰이죠.

严格　yángé　엄한, 엄격히 하다
严肃　yánsù　엄숙한, 진지한　　　　　　　　　　肅 ◀ 肅(엄숙할 숙)
严重　yánzhòng　중대한, 심각한

자연을 배우는데 어쩌다가 이렇게 심각한 수준까지 들어왔는지 모르겠
네요. 자연으로 돌아가자!

原은 '들' 이라는 뜻과 함께 다양한 뜻을 가지고 있습니다.

平原　píngyuán　평원
草原　cǎoyuán　초원, 풀밭

原本 yuánběn 원본, 유래, 기원
原来 yuánlái 원래, 최초
原则 yuánzé 원칙
原谅 yuánliàng 용서하다

则 ◀則(법칙 칙)

谅은 諒(믿을 량)의 간체자로 '허락(하다), 양해(하다)' 란 뜻을 나타냅니다. 대부분 우리가 쓰는 단어의 뜻과 흡사해서 어려운 점이 없는데 原谅만은 예외군요. 우리말에 없는 표현이니까요.

树 shù

(명) 나무, 담 (동) 수립하다, 양성하다

树는 樹(나무 수)의 간체자. 자연 하면 떠오르는 것 가운데 하나가 바로 나무죠. 그런데 '나무' 하면 여러 가지가 떠오릅니다. '가구, 장작' 같은 '재료' 로서의 나무가 있는가 하면 '소나무, 밤나무' 같은 구체적인 나무도 있습니다. 또 숲을 가득 채우고 있는 집합명사로서의 나무도 있죠. 앞서 배운 木 mù가 재료로서의 나무라는 의미가 강하다면 树 shù는 살아 숨쉬는 나무의 뜻이 강합니다.

树干 shùgàn 나무줄기

줄기는 树身 shùshēn이라고도 합니다.

树林 shùlín 숲

树林보다 더 울창한 숲은 森林 sēnlín이라고 하지요. 나무가 셋인 森(빽

빽할 삼)은 sēn으로 발음하고 '삼림, 숲'을 의미합니다.

 shùlì 수립하다, 세우다

根 gēn (명) 뿌리, 기초, 근거, 근원, 출신 (부) 철저히

뿌리 없는 나무가 있을 수 없죠. 그래서 뿌리는 나무의 기초일 뿐 아니라 모든 일의 기초요 근원이 됩니다.

根本 gēnběn 근본, 기초, 본래
根据 gēnjù ～에 근거하다, 근거

据 ◀據(의거할 거)

여기서 잠깐! 根 을 배우다 보니 갑자기 이런 글자가 생각나는군요.

跟 gēn (동) 뒤따르다, ～에 따르다
(개) ～을 향하여, ～에 대하여, ～에게 (접) ～와

'개사介词 jiècí' 란 우리말 '조사' 또는 영어의 '전치사' 에 해당하는 품사로서 중국어에만 있는 것이죠.
跟 은 우리나라에서는 거의 쓰지 않는 글자입니다만 중국에서는 자주 씁니다.

他跟我是同学。 그는 나와 동창입니다.

跟他打听。 그에게 묻다

跟前 gēnqián 옆, 근처

请你到我跟前来。 제 가까이 오십시오.

请 gqǐng 은 請(청할 청)의 간체자인데, 《중국어 첫걸음》 책을 펴면 맨 앞에 나오는 글자이기도 합니다. 영어의 please, 우리말로는 '~해 주세요'라는 뜻으로 회화에는 필수적인 표현이거든요.

请 qǐng　　(동) 청하다　(명) 요청, 부탁

请问一下 말씀을 여쭙겠습니다만

请写一下 써주십시오.

请假 qǐngjià 휴가를 신청하다

请客 qǐngkè 손님을 초대하다

很 hěn　　(부) 매우, 퍽

很의 뜻은 '매우, 대단히'로, 부사입니다. 실제로는 형용사를 수식하는데 별 뜻 없이 쓰이는 경우가 많습니다.

这个很好。 이건 좋군요.

天气很好。 날씨가 좋군요.

물론 '대단히' 라는 뜻으로 쓰이는 경우도 많지요.

我很喜欢看电影。 나는 영화 보는 것을 아주 좋아합니다.

다음 표현을 익혀두면 편리합니다.

很多 hěnduō 대단히 많다, 많은
很少 hěnshǎo 매우 적다, 적은

우리말 恨보다는 훨씬 적극적이고 강한 의미를 갖는군요.

恨不得 hènbude ~할 수 없어 안타깝다
                 ~하고 싶은 마음이 간절하다

艰苦 jiānkǔ 어렵고 힘든, 고생스러운
艰巨 jiānjù 어렵고도 막중한
艰难 jiānnán 어려운, 곤란한

艰은 艱(어려울 간)의 간체자입니다. 왼쪽 복잡한 부분을 단순화했는데
요. 이런 글자로 難(어려울 난)이 있습니다. 왼쪽 같은 부분을 축약해 难

nán으로 만들었거든요. 함께 배우겠습니다.

难 nán   (형) 어려운, 곤란한   (동) 난처하게 만들다

특히 조심해야 할 표현이 있습니다. 다음 표현들을 볼까요.

难道 nándào 설마 ~일 리 없다, 설마 ~이겠는가?

你难不知道吗? 네가 설마 모른단 말이니?

'어려운 길'이라고 하지 마십시오. 여기서 道는 '말하다'라는 뜻으로 쓰인 것이니까요.

难过 nánguò 슬프다, 마음 아픈, 고생스러운

过 guò는 過(건널 과)의 간체자입니다. 그러니까 难过는 '건너기 어렵다'라는 뜻이죠. 이 뜻이 변해서 견디기 어렵다. '슬프고 마음 아프고' 생활을 지탱하기 어려우니 '고생스럽다'는 뜻을 갖게 된 것입니다.

难看 nánkàn 볼썽사납다, 보기 싫다, 더럽다

看 kàn은 '보다'란 뜻이죠. 그래서 본래 뜻은 '보기 어렵다'인데 이 뜻이 변해서 '보기 싫다, 볼썽사납다'란 뜻을 갖게 되었군요.

难受 nánshòu 견디기 어렵다, 괴롭다

受 shòu는 '받다, 감수하다'란 뜻이니까 '받기 어렵다, 겪기 어렵다', 그래서 '견디기 어렵다, 괴롭다'란 뜻을 갖게 되었습니다.

难为 nánwéi 수고한다, 고맙다, 괴롭히다

为는 爲(할 위)의 간체자인데요, 자주 쓰이니까 꼭 기억해 두십시오. 이 글자가 难을 만나니 상대방에게 감사나 고마움을 나타내는 표현이 되었군요. 하기 힘든 일을 했다는 뜻으로 말이지요.
그 외에도 독특한 표현들이 많은데 훑어보고 지나갑시다.

难怪 nánguài ~도 무리가 아니다, 이상할 것 없다
难人 nánrén 남을 난처하게 만들다, 쉽지 않다
难心 nánxīn 슬프다, 괴롭다

우리가 지금 어느 부분을 배우고 있나요? 음, 자연을 배우다가 예까지 왔군요. 자연은 정말 변화무쌍하고 다양한 것이니까.
에이! 그럼 옆길로 샌 김에 하나 더 배우고 갑시다. 앞서 살펴본 为말이죠. 워낙 중요한 글자니까 나온 김에 뿌리를 뽑아버리죠.

为 wéi (동) ~하다, ~이 되다, 만들다, ~이다 (명) 행위
wèi (개) ~을 위하여, ~때문에

영어의 be동사에 해당하는 것이 중국어에서는 是 shi라 할 수 있는데 为 또한 be동사에 해당하는 뜻을 가지고 있습니다. 또 개사로도 쓰이니까 한마디로 복잡한 글자군요.
우선 동사의 용법을 살펴보겠습니다. 이 용법으로는 어휘보다 쓰임새를 알아보는 게 도움이 되겠군요.

十除以二为五。10을 2로 나누면 5가 된다

韩国的首都为首尔。한국의 수도는 서울이다.

이번에는 개사로 쓰일 때입니다. 우선 살펴볼 표현은 为什么입니다.

为什么 wèishénme 왜, 무엇 때문에, 어째서.

为什么不来? 왜 오지 않니?

단순한 의문의 뜻도 있지만, 따지거나 설득하는 느낌을 갖는 표현입니다. 什么 shénme는 '무엇, 무엇 때문에, 무슨' 등의 뜻을 갖는 의문사입니다. 앞에서 배웠지요. (➡ 44쪽)

为了 wèile ~을 위하여

为了国民奋斗。국민을 위하여 분투한다.

奋斗 fèndòu는 奮鬪(떨칠 분, 싸울 투)의 간체자입니다.

이렇게 해서 자연과 관련된 표현보다 엉뚱한 표현을 더 많이 배운 '자연' 편이 끝났군요.

15

학교 다녀오겠습니다

校 xiào　(명) 학교

校는 학교를 가리키는데, 군인 가운데 장교를 나타내기도 합니다.

校长 xiàozhǎng　교장, 총장
우리나라에서는 학교에 따라 총장, 학장, 교장을 구분해서 사용하지만 중국에서는 통틀어 校长을 씁니다.

校园 xiàoyuán　교정, 캠퍼스
园은 園(동산 원)의 간체자입니다. 속의 복잡한 부분 대신 음이 같은 元을 썼군요.

花园 huāyuán　화원, 꽃밭
중국의 유적과 유원지 가운데 많은 것이 정원이죠. 베이징 주변에만 해도 꽤 많은데 그 가운데 유명한 곳, 우리 관광객들이 들르는 곳이 颐和园 Yíhéyuán입니다. 청나라 서태후가 세운 별궁인데 엄청난 크기의 인공호수로 유명하죠.

公园 gōngyuán 공원

游乐园 yóulèyuán 유원지　　　　　　　　乐◀樂(즐길 락)

动物园 dòngwùyuán 동물원

动은 動(움직일 동)의 간체자. 动物
dòngwù(동물)도 함께 기억해 둡시다.

班 bān　　　　　(명) 반, 그룹, 차례

班은 학교의 반, 군대의 분대, 작업할 때의 '조' 등을 가리킵니다.

班级 bānjí 학급, 반
级 jí는 '계급, 학년'을 의미합니다.

班长 bānzhǎng 반장, 조장, 분대장

班机 bānjī 정기여객기
机는 機(기계 기)의 간체자로 '기계, 비행기'를 뜻합니다. 그래서 공항은
机场 jīchǎng이라고 하지요. 场은 場(마당 장)의 간체자고요.

系 xì　　　　　(명) 학과, 계통, 계열　(동) 연결하다, 관련되다

系는 '계열, 학과' 등을 나타내는 명사입니다. 그런데 이외에 係(걸릴

계)와 繫(맬 계)의 간체자로도 쓰입니다. 뜻이 유사한 여러 글자를 통합해
사용하는 예죠.

中文系 zhōngwénxì 중어중문학과
系统 xìtǒng 계통, 시스템, 체제

课 kè　　　(명) 수업, 교과

课는 課(매길 과)의 간체자로 '수업, 과목, 교과' 등의 뜻을 갖습니다.
다음에 배울 科 kē와는 약간 다르죠.

课本 kèběn 교과서

'교과서'라는 표현은 우리말과 같은 教
科书 jiàokēshū라고도 씁니다. 课文
kèwén은 '교과서의 본문'을 말합니다.

课程 kèchéng 커리큘럼
课堂 kètáng 교실
课时 kèshí 수업시간

时 ◂時(때 시)

科 kē　　　(명) 과, 조목　(동) 처벌하다

110

课가 '종합적인 수업, 과목' 등을 표현한다면, 科 는 '분류상의 과목, 조항'을 표현합니다.

科目 kēmù 과목, 문제
科学 kēxué 과학

科学는 현대 중국에서 가장 중점을 두는 분야입니다. 우리나라는 이공계 기피 현상으로 과학을 공부하는 젊은이가 갈수록 줄어드는 데 비해 중국에서는 국가적 지원을 받으면서 과학을 전공하는 젊은이가 나날이 늘고 있다는군요.

科学家 kēxuéjiā 과학자

'者' 대신 家 jiā를 붙이는 게 특이하군요.

科学技术 kēxuéjìshù 과학기술　　　　　术 ◀術(기술 술)

教 jiāo　　　(동) 가르치다 (명) 지도, 교육

校 xiào가 '구체적인 학교'를 나타낸다면, 教 는 학교에서 이루어지는 행위, 즉 '가르치다'는 뜻입니다.

教师 jiàoshī 교사, 선생님　　　　師 ◀師(스승 사)
教室 jiàoshì 교실

教室는 앞서 배운 课堂 kètáng과 같은 뜻으로 쓰입니다.

教学 jiàoxué 수업하다, 지도하다

教训 jiàoxun 교훈, 타일러 깨우치다 　　　　　　　　　　　　　　訓 ◀訓(가르칠 훈)

우리말의 '교훈' 보다 더 넓은 의미를 갖고 있군요.

教育 jiàoyù 교육, 교육하다
教员 jiàoyuán 교원 　　　　　　　　　　　　　　员 ◀員(수효 원)

教员은 '교사, 선생님' 이란 뜻과 큰 차이 없이 사용되는 표현입니다.

学 xué 　　　　(명) 학교, 학문　(동) 배우다, 공부하다

가르침이 있으면 배움 또한 있어야겠지요.

学校 xuéxiào 학교
学生 xuésheng 학생
学习 xuéxí 공부하다, 공부

习 xí는 習(배울 습)의 간체자입니다. 특징적인 부분을 빼고 다 없앴군요.

习 xí 익히다, 배우다, 연습하다, 습관
习惯 xíguàn 습관, 버릇 　　　　　　　　　　　　惯 ◀慣(관습 관)
学问 xuéwèn 학문
学术 xuéshù 학술
学院 xuéyuàn 대학의 학부, 단과대학

우리말에서 学院이 '사설학원' 을 가리키는 것과 다르네요.

老师 lǎoshī 선생님, 교사

他是我们的老师。그는 우리 선생님이시다.

师에는 '스승, 선생님'이란 의미 외에 명사 뒤에 붙어 전문 능력이나 직업을 가진 사람을 가리키기도 합니다.

师傅 shīfu 스승, 사부

중국 영화에 자주 나오는 표현이군요. 그러나 발음은 '사부'가 아니라 '시푸'.

학교에서 배우는 것은 역시 文이죠. 文에는 좁은 의미의 '글'이나 '말' 뿐 아니라 넓은 의미의 '문장', '문화' 등이 두루 포함됩니다.

文章 wénzhāng 문장
文件 wénjiàn 문서, 서류
文字 wénzì 문자, 글자

字 zì는 '글자, 문자'를 뜻하는 데, 文보다 '구체적인 글자'라 는 느낌이 있죠.

文化 wénhuà 문화
文明 wénmíng 문명

文物 wénwù 문화재, 문물

文物는 '문물' 보다 '문화재' 라는 의미로 많이 쓰입니다.

文学 wénxué 문학
文艺 wényì 문예, 문학　　　　　　　　　　　艺◀藝(심을 예)

试 shì　　　(동) 시험해 보다　(부) 시험 삼아　(명) 시험

시험은 학습의 정도를 평가하는 중요한 수단입니다. 그러니 试도 학교 생활의 일부라고 할 수 있겠죠?

试卷 shìjuàn = 答卷 dájuàn 시험답안, 시험지
试验 shìyàn 시험보다, 시험, 테스트　　　　　　验◀驗(시험할 험)

题 tí　　　(명) 제목, 문제　(동) 쓰다, 적다, 언급하다

问题 wèntí 문제, 시험문제
题目 tímù 제목, 타이틀, 문제

题目에도 '문제' 란 뜻이 담겨 있군요.

题明 tímíng 서명하다, 사인하다

이때는 题가 동사로 쓰였습니다.

词 cí   (명) 단어, 말

词는 詞(말씀 사)의 간체자입니다. 讠는 자주 쓰이는 형태여서 이젠 익숙해지셨을 겁니다.

词는 '단어, 말' 등을 나타낼 뿐 아니라 중국 전통의 시가 가운데 하나를 뜻하기도 합니다. 특히 宋나라 때 유행해 宋词 sòngcí라고도 하지요.

词典 cídiǎn 사전

우리나라에서는 언어를 풀이한 사전을 나타낼 때 辭典(말 사, 책 전)을 많이 쓰는데 중국에서는 词典을 많이 쓴답니다.

이번에는 학교에서 배우는 과목에 대해 알아볼까요.

数 shǔ/shù   (동) (수를) 세다 (명) 수, 꾀 (수) 몇, 여러

수학은 공부의 기초입니다. 아무리 공부가 싫어도 수학의 기본은 배워야 합니다. 계산을 모르고는 생활하기가 어려우니까요. 그런데 수학 좋아하는 학생은 드무니 이 일을 어쩌나!

数는 數(숫자 수)의 간체자인데 우리도 數의 약자로 써오던 것이라 눈에 익었을 겁니다.

数는 동사와 명사, 수사로 쓰는데 그 성조가 다릅니다.

数不清 shǔbùqīng (많아서) 정확히 셀 수 없다

数一数二 shùyīshǔ'èr 일이등을 다투다, 손꼽히다

数学 shùxué 수학

数字 shùzì 숫자

数量 shùliàng 수량

数据 shùjù 데이터, 통계치 据◀據(근거 거)

数据는 '숫자의 근거' 라는 의미로 데이터를 가리킵니다.

图 tú (명) 그림, 계획 (동) 계획하다, 그림 그리다

图는 圖(그림 도)의 간체자입니다. 안에 들어간 글자는 冬 dōng이군요.
图는 '그림, 그림 그리다' 라는 의미 외에 '기도하다, 꾀하다' 같은 다
양한 의미를 품고 있습니다.

图书馆 túshūguǎn 도서관 书◀書(책 서)

畫(그림 화)의 간체자 画 huà도 '그림, 그림 그리다' 란 의미를 갖습니다.
학교에서 배우는 그림은 图보다는 画에 가깝겠네요.

画儿 huàr 그림, 회화

画报 huàbào 화보 报◀報(알릴 보)

116

歌 gē   (명) 노래, 가곡 (동) 노래하다

歌가 '노래, 노래하다'란 뜻을 나타낸다면 音 yīn은 노래를 구성하는 '음, 소리, 가락'을 뜻합니다. 그래서 학교에서 배우는 것은 音乐 yīnyuè 에 가깝죠.

> 音乐 yīnyuè 음악
> 歌剧 gējù 가극, 오페라

剧는 劇(연극 극)의 간체자. 그러고 보니 간체자에서는 豦 이 居로 바뀌는 군요. 앞에서 살펴본 據도 据로 바뀌었으니까요.

이번에는 학교에서 쓰는 도구에 대해 알아보겠습니다. 공부에 필요한 도구 말이지요.

笔 bǐ   (명) 붓, 필기구

筆(붓 필)의 간체자인 笔는 볼수록 재미있는 글자입니다. 붓을 만들 때 동물의 털을 사용하니까 毛(털 모)를 넣어 만든 거죠. 그래서 한눈에 필기구임을 알 수 있습니다. 요즘 사용하는 필기구 가운데는 털로 만든 것이 거의 없지만 여전히 대부분의 필기구는 笔를 이용해 표현합니다.

> 粉笔 fěnbǐ 분필
> 钢笔 gāngbǐ 만년필

钢은 鋼(강철 강)의 간체자. 그러니까 강철로 만든 필기구가 만년필이군요. 영어로는 파운틴 펜fountain pen, 즉 분수처럼 잉크가 샘솟는 펜, 우리말로는 만 년 동안 쓰는 펜, 중국어로는 강철로 만든 붓. 어떤 표현이 가장 어울리나요?

铅笔 qiānbǐ 연필　　　　　　　　　　　　　　　　铅 ◀鉛(납 연)

铅 qiān은 '납' 또는 '흑연'을 뜻합니다.

圆珠笔 yuánzhūbǐ 볼펜

'동그란 구슬로 만든 붓'이란 뜻이군요. 우리도 외래어 '볼펜' 대신 '공필'이라고 하면 어떨까요?

笔记 bǐjì 필기

纸 zhǐ　　　　(명) 종이 (양) 매, 장

종이가 없으면 공부 못 하죠. 纸는 당연히 紙(종이 지)의 간체자고요.

信纸 xìnzhǐ 편지지
册 cè 책

册가 '책'을 뜻하기는 하는데 예전에 대나무 조각을 엮어 만든 책을 본뜬 글자이다 보니, 지금은 书를 훨씬 자주 씁니다.

书는 書(책 서)의 간체자입니다.

중국은 세계적인 독서 왕국인데 인구가 많은 탓도 있지만 사회주의 체제의 특징 가운데 하나인 전국민 대상 교육 강화 정책의 탓도 있는 듯합니다.

书包 shūbāo　책가방
书店 shūdiàn　서점
书架 shūjià　책꽂이
书记 shūjì　서기(당의 책임자)　　　　　记 ◀記(기록할 기)

책의 페이지를 가리킬 때는 书页 shūyè를 씁니다. 页는 頁(쪽 엽)의 간체자죠.

球 qiú　　(명) 공, 지구, 둥근 것

이번에는 체육시간에 사용하는 도구입니다. 바로 공이죠. 공으로 하는 운동을 알아볼까요?

足球 zúqiú　축구
网球 wǎngqiú　테니스

网은 網(그물 망)의 간체자입니다. 생긴 게 꼭 테니스 네트처럼 생겼죠.

乒乓球 pīngpāngqiú 탁구

생긴 것도 희한한 乒과 乓은 兵(병사 병)의 다리가 부러진 것이 아닙니
다. 발음이 pīng과 pāng이란 의성어입니다. 탁구공이 빠르게 오가는
소리가 '핑, 팽' 하는 듯하다 하여 이런 이름이 붙었습니다. 그래서 乒
乓 pīngpāng은 독립적으로 '펑펑, 탕탕' 하는 의성어로 쓰입니다.

篮球 lánqiú 농구

바구니처럼 생긴 골대 안에 공을 넣은 경기라 재미있네요. 사실은 영어
바스켓볼basketball을 의역한 단어입니다. 篮은 바구니를 뜻하는 籃(바구
니 람)의 간체자입니다.

球场 qiúchǎng 구장(구기용 운동장)

场 ◀場(마당 장)

16

내가 사는 곳이죠

国 guó　　(명) 나라, 국가, 고국

国는 國(나라 국)의 간체자이자 약자죠.

国际 guójì　국제, 국제적
际는 際(사이 제)의 간체지입니다. 구제화 시대
에 반드시 알아야 할 단어죠.

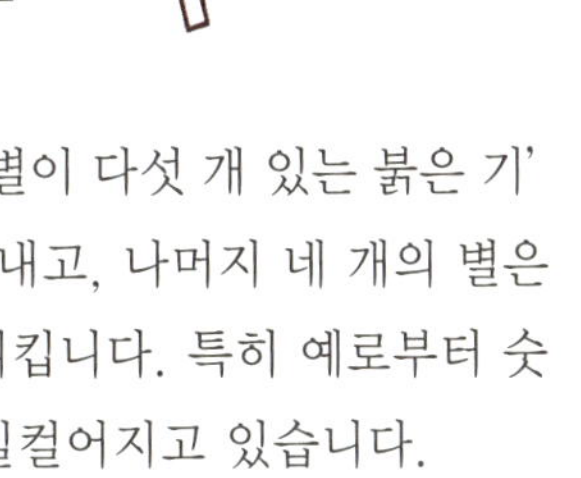

国家 guójiā　국가, 나라
国民 guómín = **国人** guórén　국민
国旗 guóqí　국기

중국의 국기는 **五星红旗** wǔxīnghóngqí죠. '별이 다섯 개 있는 붉은 기'
란 뜻입니다. 가장 큰 별은 공산주의를 나타내고, 나머지 네 개의 별은
노동자, 농민, 지식인, 애국적 자본가를 가리킵니다. 특히 예로부터 숫
자 5는 중국인들에게 있어 완전한 숫자로 일컬어지고 있습니다.
이번에는 세계 주요 국가 명을 알아볼까요.

中国 Zhōngguó 중국
韩国 Hánguó 한국
美国 Měiguó 미국
英国 Yīngguó 영국
德国 Déguó 독일
日本 Rìběn 일본
巴西 Bāxī 브라질
法国 Fǎguó 프랑스
马来西亚 Mǎláixīyà 말레이시아

意大利 Yìdàlì 이탈리아
伊拉克 Yīlākè 이라크
加拿大 Jiānádà 캐나다
新加坡 Xīnjiāpō 싱가포르
俄罗斯 Éluósī 러시아
丹麦 Dānmài 덴마크
菲律宾 Fēilǜbīn 필리핀
波兰 Bōlán 폴란드

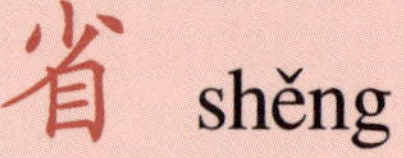

省 shěng

(명) 중국 행정단위, 성, 관청

(동) 생략하다, 절약하다

중국에는 모두 22개의 省이 있습니다. 그 외에 5개의 소수민족 자치구, 3개의 직할시, 2개의 특별경제구역이 있습니다. 省 xǐng으로 발음하면 '반성하다' 란 뜻의 동사가 됩니다.

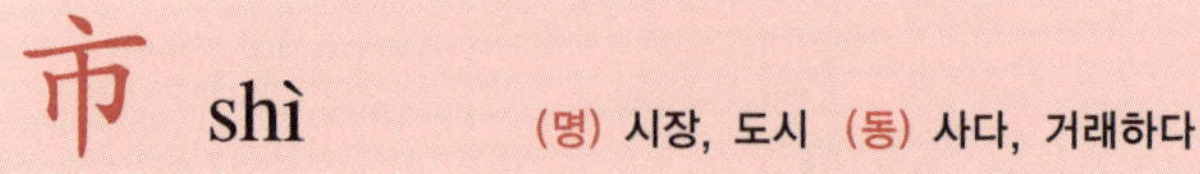

市 shì

(명) 시장, 도시 (동) 사다, 거래하다

市는 그 의미와 발음이 우리말과 흡사하군요.

市场 shìchǎng 시장
超市 chāoshì 슈퍼마켓

超市는 超给市场 chāojíshìchǎng의 줄임말인데, 요즘 중국 곳곳에서 흔히 볼 수 있습니다. 이 외에 购物中心 gòuwùzhōngxīn(쇼핑센터)에서도 쇼핑이 가능하죠.

市民　shìmín　시민
市区　shìqū　시가 구역
市长　shìzhǎng　시장

城　chéng　(명) 성곽, 대도시

城 도 '성곽'이라는 의미 외에 '도시'라는 뜻도 갖습니다. 우리말과는 다르죠. 아래처럼 市를 붙이면 분명한 도시가 되는군요.

城市　chéngshì　도시, 시내

区　qū　(동) 구분하다, 구별하다
(명) 구역, 지역, 행정구역의 하나

区 는 區(지경 구)의 간체자이자 약자입니다. 우리나라 도시에 区 가 있듯 중국 행정구역에도 市 단위 아래 区 가 있습니다.
그 외에 동사로 '구분하다'란 의미도 있군요.

区别　qūbié　구별하다

区分 qūfēn 구분(짓다)

县 xiàn　　(명) 현, 행정구역상 乡의 위에 있음

县은 縣(매달 현)의 간체자입니다. 너무 줄어서 알아보기가 힘들 정도군요.

乡 xiāng　　(명) 시골, 고향, 행정구역의 하나

乡은 鄉(고향 향)의 간체자임을 앞서 살펴보았습니다. 고향은 家乡 jiāxiāng 이라고 한다는 것도 배웠습니다.

乡下 xiāngxia 시골
乡人 xiāngrén 시골 사람

행정구역 표시는 아니지만 각 행정구역에 닿기 위해 반드시 필요한 것이 바로 站 zhàn이죠. '역, 정거장'을 뜻합니다.

火车站 huǒchēzhàn 기차역
下(一)站 xià(yí)zhàn 다음 역
站票 zhànpiào 입석표

站은 동사로도 자주 쓰이는데, 이때는 '서다, 정지하다'라는 뜻을 가집니다.

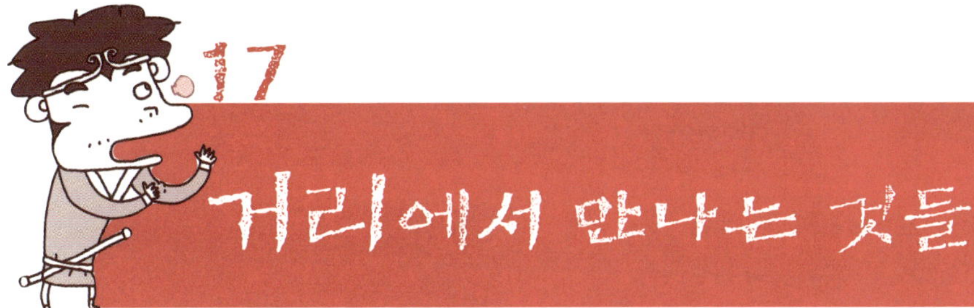

거리를 걷다 보면 온갖 다양한 풍물과 기관들을 만나게 되죠. 따라서 효과적
인 해외여행을 위해서는 여기 나오는 표현들을 잘 알아두어야 합니다.

车 chē　　(명) 차, 기계

车는 車(차 차)의 간체자죠. 앞서 배웠습니다. 생긴 모습이 东 dōng과 흡
사하지만 두 글자 모두 자주 사용되므로 금세 익히게 될 것입니다.

车间 chējiān 작업 현장, 직장
왜 车间이 '차안' 이 아니라 작업장을 가리키는지는 잘 모르겠군요.

车站 chēzhàn 역, 정류장
앞서 살펴 본대로 기차역이 火车站이면 버스정류장은? 公共汽车站
gōnggòngqìchēzhàn이네요.

车费 chēfèi 차비
车库 chēkù 차고
库는 庫(곳집 고)의 간체자입니다. 안에 간체자 车를 품고 있는 이중간
체자군요.

车胎 chētái 타이어

胎는 '태아' 라는 뜻과 함께 고무 타이어를 가리킵니다. 태아와 타이어 사이에 어떤 관계가 있지?

店 diàn　(명) 가게, 상점, 여관

店은 기본적으로 '상점, 가게' 를 나타내는데, 이것 말고도 상점을 뜻하는 글자는 여러 가지가 있지요.

零售店 língshòudiàn 소매상
售는 '팔다' 란 뜻의 글자로 규모가 작은 가게에 많이 쓰입니다.

售票处 shòupiàochù 매표소
处 chù는 處(곳 처)의 간체자로 '장소' 를 뜻합니다. 아래쪽 부분을 이용해 만들었군요. 그러나 성조가 바뀌면 동사로 쓰여 뜻도 달라집니다.

处 chǔ 거주하다, (어떤 상황에) 처하다, 함께 살다
处理 chǔlǐ 처리하다, 해결하다

馆 guǎn　　　(명) 손님을 맞는 건물, 여관, 호텔

馆은 '손님을 맞는 장소'란 의미로 많이 쓰입니다. 그래서 호텔과 같은 장소뿐 아니라 대사관 같은 공공기관에도 많이 쓰이죠. 𠆢형태가 들어가는 간체자는 앞서 살펴보았지요.

大使馆 dàshǐguǎn　대사관
领事馆 lǐngshìguǎn　영사관
宾馆 bīnguǎn　영빈관

大使馆과 领事馆을 혼동하는 분이 많습니다만 조심해야죠. 가운데 글자가 엄연히 다릅니다.

宾 bīn은 賓(손님 빈)의 간체자입니다. 아래 兵이 들어간다고 'bīng' 으로 발음하면 안돼요!

街 jiē　　　(명) 도로, 가로, 길, 거리

앞서 길을 뜻하는 道와 路를 살펴본 바 있습니다만 街는 상대적으로 넓은 길을 나타냅니다.

街道 jiēdào　큰 길, 가로
街谈巷说 jiētán xiàngshuō　가담항설, 항간에 떠도는 소문

楼 lóu

楼는 우리나라에서 중국음식점에 자주 쓰는 글자죠. 그래서 작은 음식점 느낌이 강하지만 중국 거리에서는 엄청 큰 건물에도 붙어 있습니다. 백화점도 百货大楼 bǎihuòdàlóu라고 하잖아요.

楼는 樓(다락 루)의 간체자이자 약자입니다.

楼梯 lóutī 계단

楼下 lóuxià 아래층, 1층

그렇다면 위층은? 당연히 楼上 lóushàng.

牌 pái

牌는 간판뿐만 아니라 상표란 의미로도 자주 쓰입니다.

招牌 zhāopái 간판

名牌 míngpái 유명 상표

음, 명품이란 뜻이군요.

票는 거리를 돌아다니려면 필요한 것이죠. 우리말보다는 훨씬 다양한 뜻을 갖습니다.

門票　ménpiào　입장권

發票　fāpiào　영수증

發는 어떤 글자의 간체자일까요? 답은 15쪽을 보세요.

쇼핑하러 갑니다

사실 자본주의 사회에서 돈 안 내고 구할 수 있는 게 있습니까? 그러니 이
제까지 배운 게 모두 쇼핑에 필요한 표현이기도 하지요.

价 jià　　　　　　(명) 가격, 값

價(값 가)의 간체자 价야말로 쇼핑에 필수적인 표현입니다. 값을 모르면
아무것도 할 수 없으니까요.

价格 jiàgé 가격
价值 jiàzhí 가치, 값어치
物价 wùjià 물가
还价 huánjià 값을 깎다

还은 還(되돌릴 환)의 간체자입니다.
값을 되돌려준다? 음, 에누리군요.

还 huán 반환하다, 돌려주다, 에누리하다

재미있는 표현 가운데 하나가 还口 huánkǒu입니다. 입을 돌려 준다? 말
대꾸한다는 뜻입니다.

商 shāng　　(동) 상의하다　(명) 장사, 상인

商은 예로부터 '장사' 란 의미로 쓰였습니다. 즉 생산을 수반하지 않는 유통업을 가리키는 표현이지요.

商은 특히 다양한 형태의 상점을 표현하는 데 쓰이는군요.

商场 shāngchǎng　상가
商店 shāngdiàn　상점
商品 shāngpǐn　상품

이번에는 동사로 쓰인 경우입니다.

商量 shāngliáng　의논하다, 상담하다
商业 shāngyè　상업

业는 분명 간체자로 보이지요. 어딘가 어설픈 모습이지만 業(업 업)의 간체자입니다. 거두절미했군요. 그렇다면 생산을 수반하는 사업은?

产业 chǎnyè　산업

产 또한 거두절미당한 간체자입니다. 본래 자는 産(낳을 산). 이 글자에 대해 알아봅시다.

产 chǎn　　(동) 낳다, 생산하다　(명) 제품

产은 생산, 공업과 연관된 표현에 자주 쓰입니다.

产量　chǎnliàng　생산량

产品　chǎnpǐn　제품

产生　chǎnshēng　나타나다, 생기다, 발생

买 / 卖　mǎi/mài　(동) 사다　(동) 팔다

买와 卖는 떨어질래야 떨어질 수 없는 관계죠. 사
는 사람이 있으면 파는 사람이 있고, 팔 물건이
있어야 사니까요. 그런데 왜 글자 모양은 이리
도 이상할까요!
买는 買(살 매), 卖는 賣(팔 매)의 간체자입니다.
성조만 다르군요.

买卖　mǎimai　매매, 장사

조심하십시오. 뒷부분에 성조가 사라졌습니다. 만일 뒤에 성조
가 와서 mǎimài로 발음하면 동사 '매매하다' 가 됩니다.

钱　qián　(명) 동전, 돈, 대금

앞서 价를 배웠죠. 钱(동전 전)의 간체자인 钱도 价와 유사한 의미를 갖
는데, 실생활에서는 더 자주 사용됩니다.

钱包　qiánbāo　지갑

这个多少钱？ 이건 얼마입니까?

多少는 앞서 살펴보았지요. (➡ 33쪽)

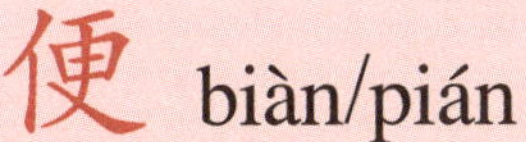

贵 **guì**　(형) (신분이) 귀한, 높은, (값이) 비싼　(동) 중시하다

贵가 貴(귀할 귀)의 간체자임은 설명 안 해도 아시죠?

贵가 '귀한, 중요한'을 나타내는 것은 우리말과 같은데, '비싸다'는 표현은 우리말에 없는 거죠.

贵重 guìzhòng 귀중한, 중요한

太贵了。너무 비쌉니다.

贵姓 guìxìng 귀하의 성

높임의 뜻이 담겨 있군요.

便 **biàn/pián**　(형) 편리한　(명) 편리, 대소변
　(부) 곧, 즉 (접) 그렇다면

갑자기 便이 등장한 이유는 '값싼'이라는 표현 때문입니다.

便의 특별한 점은 발음이 변해도 뜻은 변하지 않는다는 점이죠. 즉 biàn이 pián으로 변하는 것은 용례가 달라짐에 따른 것입니다. 그래서 '값이 싸다'는 표현은 便宜 piányi지만 이때 便의 뜻이 달라지지는 않고 biàn과 같습니다.

便宜 piányi 값싼, 이익

　　　biànyí 편리한, 형편이 좋은, 적당히

便利 biànlì 편리한

便盆 biànpén 변기, 요강

便是 biànshi 설혹

便条 biàntiáo 메모, 쪽지

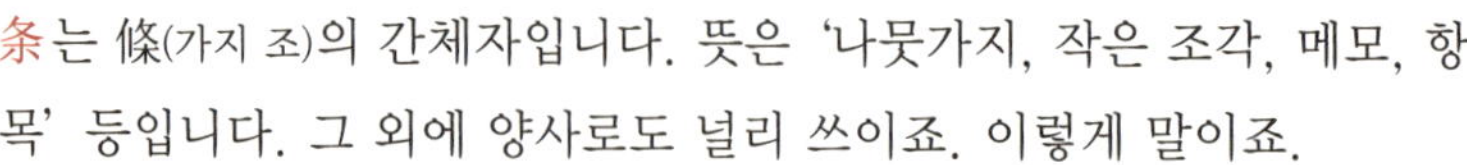

条는 條(가지 조)의 간체자입니다. 뜻은 '나뭇가지, 작은 조각, 메모, 항목' 등입니다. 그 외에 양사로도 널리 쓰이죠. 이렇게 말이죠.

一条山脉 한 줄기 산맥

三条船 배 세 척

卡 kǎ

(명) 카드 (동) 안다, 누르다

卡는 생긴 것도 재미있죠. 上과 下를 겹쳐놓았으니 무슨 뜻일까요? 卡는 주로 음역으로 쓰입니다. '카' 라는 소리글자로 말이죠.

信用卡 xìnyòngkǎ 신용카드

卡巴列 kǎbāliè 카바레

卡车 kǎchē 트럭

卡拉ok kǎlāOK 가라오케

이것도 희한한 표현이네요. 본래 일본어를 중국어+영어로 표현하다니. 과연 세계적인 표현이군요. 하기야 '가라오케' 라는 말이 일본어+영어니까 어차피 국적불명의 단어인 셈이군요.

卡通 kǎtōng 카툰, 만화

이 표현도 외국어를 음역한 대표적인 표현입니다.

付 fù　　　(동) 건네주다, 주다, 지불하다

값을 지불할 때 쓰는 표현이 付钱 fùqián입니다. 钱은 앞서 배웠지요.

付钱 fùqián = 付出 fùchū 값을 지불하다
交付 jiāofù 교부하다, 인도하다
付款处 fùkuǎnchù 계산대　　　　　处◀處(살 처)

交 jiāo　　　(동) 건네주다, 넘기다, 무역하다, 거래하다, 사귀다
　　　　　　(명) 무역, 거래, 교제　(부) 서로, 일제히

일반적으로는 '건네주다, 거래하다' 란 의미로 交를 많이 쓰지요.

交换 jiāohuàn 교환하다, 교환
交货 jiāohuò 납품하다
交易 jiāoyì 거래(하다), 교역(하다)

交는 그 외에도 다양한 의미를 품고 있습니다.

交通 jiāotōng 교통
交际 jiāojì 교제(하다)
交流 jiāoliú 교류(하다)

际 ◀際(사이 제)

元 yuán (명) 처음, 첫째 (형) 첫째의 (양) 위안

중국의 화폐단위는 元 yuán입니다. 결국 한·중·일, 삼국의 화폐는 모두 원, 옌, 위안으로 그 뿌리가 같다고 해도 무방할 것입니다.
그런데 중국 거리에서는 '위안'이란 소리를 듣기 어렵습니다. 그 대신 '이 콰이!'라는 소리를 귀가 따갑도록 듣게 되지요. '콰이'란 바로 块 kuài인데, 실제로는 '元' 대신 '块'를 쓰기 때문입니다. 위안이 화폐단위라면 콰이는 호칭이라 할 수 있겠죠. 콰이나 위안이나 마찬가지라는 사실, 기억해두세요.

块 kuài 덩어리, 조각, 물건을 세는 단위, 화폐 단위

이번에는 시장 구경에 나서볼까요.
시장에서 만나는 다양한 업소와 상품 명칭을 배워보겠습니다.

超级市场 chāojíshìchǎng 슈퍼마켓

줄여서 超市 라고 많이 쓰지요. (➡ 122쪽)

百货大楼 bǎihuòdàlóu 백화점
购物中心 gòuwùzhōngxīn 쇼핑센터

购는 購(살 구)의 간체자입니다. 그렇다면 이와 비슷한 構(얽을 구)의 간체
자는? 당연히 构 gòu로 바뀌겠죠. (➡ 22쪽)

方便商店 fāngbiànshāngdiàn 편의점
菜市场 càishìchǎng 야채시장
种菜 zhòngcài 채소를 심다　　　　　　　　种 ◀種(씨앗 종)

菜 cài는 '야채, 채소'를 가리킵니다.

茶叶店 cháyèdiàn 다방　　　　　　　　　　茶 ◀葉(잎 엽)
唱片店 chàngpiàndiàn 레코드점

片은 작고 얇은 것을 가리킵니다.

片 piān
(명) 얇고 작은 것, 조각, 명함, 카드
(동) 얇게 자르다　(형) 단편적인, 부분적인
(양) 얇은 조각 따위를 세는 단위

名片 míngpiàn 명함

형용사로 쓰이면 '단편적인, 일방적인' 같은 뜻을 갖는군요.

片面 piànmiàn 한 쪽, 일방, 단편, 일방적인
照片 zhàopiàn 사진

照 zhào

(동) 비추다, 비치다, 감시하다, 사진찍다
(개) ~에 따라, ~을 향해 (명) 사진, 면허증

照는 중국어에서 꽤 다양한 의미로 쓰입니다. 사진이라는 의미 외에도 여러 기능과 뜻을 갖고 있습니다.

照相 zhàoxiàng 사진
照相机 zhàoxiàngjī 사진기   机 ◀ 機(베틀 기)

요즘은 필름 카메라보다 소위 디카가 대부분이죠? 그럼 디지털 카메라는? '숫자로 표현한다' 라는 뜻의 'digital' 을 의역한 '数码 shùmǎ' 와 사진기를 결합해 数码照想机라고 씁니다. 照는 명사 외에 사진을 찍는다는 동사적 의미도 있습니다.

照耀 zhàoyào 밝게 비추다
照常 zhàocháng 평상시와 같다
照顾 zhàogù 주의를 기울이다, 고려하다, 돌보다

顾 gù는 顧(돌아볼 고)의 간체자입니다. 생긴 모습을 따라 써서 필획을 줄인 전형적인 형태입니다. 뜻은 '돌아보다, 바라보다, 배려하다'.

顾客 gùkè 고객

药店 yàodiàn 약국
药 ◀藥(약 약)

약국은 해외여행 시 반드시 기억해 두어야 할 상점이죠.

이번에는 상품의 종류를 알아봅시다. 물품의 명칭을 알아야 사건 팔건
할 게 아니겠어요.

日用品 rìyòngpǐn 일용품
床上用品 chuángshàngyòngpǐn 침구

床 chuáng은 '침대'를 가리키지요.

化妆品 huàzhuāngpǐn 화장품

妆은 妝(단장할 장)의 간체자로, 뜻은 '화장하다, 화장'.

食品 shípǐn 식품
手绢儿 shǒujuànr 손수건
手套 shǒutào 장갑
帽子 màozi 모자
眼镜 yǎnjìng 안경
镜 ◀鏡(거울 경)
墨镜 mòjìng 선글라스

墨 mò는 '먹, 먹물, 교양'을 뜻합니다. 글을 쓰는 사람은 교양을 갖춘
다고 해서 이렇게 뜻이 확대되었나 봅니다. '잉크, 먹'이라는 뜻으로는
墨水(儿) mòshuǐr를 씁니다.

腰带 yāodài 허리띠
带 ◀帶(띠 대)
腰 yāo는 '허리'라는 뜻이죠.

아래 넥타이라는 뜻의 领带에서는 '끈'이라는 의미로 쓰였군요.

领带 **lǐngdài** 넥타이

领은 領(옷깃 령)의 간체자입니다. 뻔한 얘기.

아하, 위에서는 领이 명사로 '목'이라는 의미로 쓰였겠군요. 여기서 재미있는 현상 하나. 领带를 거꾸로 한 带领은 '이끌다'는 뜻이 됩니다.

领导 **lǐngdǎo** 지도하다, 지도자　　　　　　　　　　导 ◀ 導(이끌 도)

大衣 **dàyī** 코트

衣 yī는 아시다시피 '옷'이죠. 그런데 구체적으로 옷의 종류를 나타낼 때는 이 표현 대신 당연히 치마니 바지니 하는 표현을 씁니다. 그래서 아래에서 배울 옷의 종류에서는 이 글자를 보기가 힘듭니다.

衣服 **yīfu** 옷, 의복
西服 **xīfú** 양복

서양에서 온 옷이란 의미로, 양복을 가리킵니다.

服 fú 또한 '옷'이란 뜻을 나타냅니다만 그 외에 다른 뜻도 나타냅니다.

服 fú　(명) 의복　(동) 옷을 입다, 복종하다, ~에 적응하다, 종사하다, 복용하다

그래서 쓰임새도 다양하지요.

服从 fúcóng 복종(하다)

음! 이상하게 생긴 녀석이 나타났군요, 从. 한글 쌍시옷처럼 생겼는데, 사실은 從(따를 종)의 간체자입니다. 생기다 만 듯하지만 자주 쓰이는 글자라 다음에 자세히 배우겠습니다.

服务 fúwù 근무하다, 서비스하다　　　　　务◀務(일 무)

服务는 '봉사하다'란 뜻으로 자주 쓰입니다. 우리말과 약간 다르죠. 그래서 식당이나 호텔, 상점에서 일하는 종업원들을 통틀어 服务员 fúwùyuán이라고 부릅니다.

连衣裙 liányīqún 원피스　　　　　连◀運(이을 련)

裙이 나온 김에 옷의 종류를 알아보겠습니다. 모두 옷을 뜻하는 衤가 들어 있는 공통점이 있습니다.

裙 **qún** 스커트, 치마
衬 **chèn** 속옷
衫 **shān** 셔츠
裤 **kù** 바지
衩 **chǎ** 중국 옷의 양옆을 튼 곳
袜 **wà** 양말
衬衫 **chènshān** 셔츠

汗衫 **hànshān** T셔츠

夹克儿 **jiākèr** 재킷

재킷의 음역이군요.

克는 쓰임새가 좀 복잡합니다. 한번 알아볼까요.

<table>
<tr><td>克 **kè**</td><td>(동) 극복하다, 이기다　(조동) ~할 수 있다
(양) 그램</td></tr>
</table>

克服 **kèfú** 극복하다

不克胜任 **búkè shèngrèn** 임무를 다 할 수 없다.

동사로 쓰이는 경우입니다. 조동사로 쓰일 때는 주로 不를 붙여 부정의 의미를 강조합니다.

질량단위 g(그램)을 나타내기도 합니다. 음역의 일종이죠. 다른 글자를 붙여 毫克 **háokè**(밀리그램), 克吨 **kèdūn**(톤) 같은 단위를 나타냅니다.

또 단순히 외래어의 음역으로도 자주 쓰입니다. 재킷에 쓰인 것처럼 말이지요.

巧克力 **qiǎokèlì** 초콜릿

克力架 **kèlìjiā** 크래커

克拉 **kèlā** 캐럿

背心 **bèixīn** 조끼

이상한 표현이군요. 마음(心)을 배반(背, 등 배)한다는 표현이 조끼라니.

毛衣 **máoyī** 스웨터

毛 máo는 잘 아시다시피 '털'을 뜻합니다.
그러나 우리가 모르는 여러 뜻도 함께 가지고 있습니다.

毛 máo　(명) 털, 머리털　(동) 당황하다
(형) 작은, 거친, 나쁜

毛病 máobìng　나쁜 버릇, 고장, 결점

잘못하면 머리가 빠지는 병, 즉 대머리나 탈모증이라고 여기기 쉽습니다. 오해 마십시오.

毛巾 máojīn　타월

巾 jīn은 천 조각, 수건, 스카프를 가리킵니다.

裤子 kùzi　바지
短裤 duǎnkù　반바지
牛仔裤 niúzǎikù　청바지

牛 niú는 소, 仔 zǎi는 '작은 것, 가축의 새끼' 등을 나타냅니다. 그러니 牛仔裤는 송아지 바지, 즉 카우+보이+진을 그대로 옮긴 표현이네요.

裙子 qúnzi　스커트
睡衣 shuìyī　잠옷

睡는 '잠을 자다, 잠'이란 뜻이죠. 그러니 睡衣가 '잠옷'인 것은 당연!

睡 shuì

(동) 자다　(명) 잠

睡觉 shuìjiào 자다

속옷과 생활소품들을 더 알아보죠.

内衣 nèiyī 내의

裤衩 kùchǎ 팬티

乳罩 rǔzhào 브래지어

长筒袜 chángtǒngwà 스타킹

袜子 wàzi 양말

香皂 xiāngzào 비누

皂는 비누를 뜻합니다. 그 외에 '검은색'이라는 의미도 있으니, 검은 것을 희게 만든다고 해서 '비누'라는 의미가 파생되었나 봅니다.

어떤 색을 좋아하세요

색상을 나타내는 글자도 생활 속에서 자주 사용하지요. 우선 중국인들이 가장 좋아하는 붉은색부터 시작할까요.

红 hóng

(명) 적, 홍, 홍차 (형) 붉은, 번창하다

(동) 빨개지다

중국인들이 가장 좋아하는 색인만큼 이 글자 또한 좋은 뜻을 많이 가지고 있습니다. 명사로는 경사를 나타내기도 하고(반대로 白 bái는 흉사를 뜻합니다.) 형용사로는 '운이 좋은, 인기가 있는, 성공적인', 동사로도 '부러워하다' 같은 좋은 뜻을 품고 있습니다.

红茶 hóngchá 홍차

红旗 hóngqí 붉은 기(혁명 또는 승리를 상징)

红绿灯 hónglùdēng 교통신호등

红眼 hóngyǎn 눈에 핏발이 서다, 성나다

（명） 적색, 혁명　**（형）** 진실한, 텅빈

赤는 红과 뉘앙스가 다르죠. 红이 생활 속에서 쓰는 붉은색이라면 赤는 보다 추상적인 의미로, 그리고 그 의미가 확대되어 많이 쓰이는 듯합니다. 아마 红보다 더 먼저 생겨났기 때문이겠죠.

赤道 chìdào 적도
赤字 chìzì 적자, 손실

黄 huáng

（명） 황색, 노인　**（동）** 노래지다, 실패하다

（형） 젊은

노란색도 중국을 상징하는 색 가운데 하나인데 아마 黄河 Huánghé 때문인 듯합니다. 황허강은 특히 탁한 것으로 유명하죠. 그래서 黄河清 huánghéqīng이라는 관용구까지 생겨났답니다. 뜻은 '황허가 맑아진다', 즉 거의 일어날 수 없는 드문 일, 어려운 일을 가리키는 표현이지요.

黄瓜 huángguā 오이
黄油 huángyóu 버터
黄花 huánghuā 국화

이와는 좀 다른 의미로 '야한 것'을 뜻하기도 합니다.

黄色片 huángsèpiàn 야한 영화(비디오)

绿 lǜ　　　　(명) 녹색　(형) 푸른

绿는 '푸른, 푸른색'을 나타냅니다. 이 발음을 보면 lǜ로 u 위에 점 두 개가 찍혀 있지요. 이 표기에 주의해서 발음을 따라해 봅시다.

绿茶 lǜchá 녹차

물이 좋지 않은 중국에서는 绿茶가 음용수라 할 만큼 수많은 사람들이 绿茶통을 들고 다니며 마시지요.

白 bái　　　　(명) 흰색　(동) 희다

앞에서 살펴보았으니 참고하세요. (➡ 52쪽)

青 qīng　　　　(형) 푸른, 젊은　(명) 청색, 청년

青은 푸른색과 함께 젊음을 나타내는 표현입니다.

青年 qīngnián 청년, 젊은이
青天 qīngtiān 푸른 하늘
青眼 qīngyǎn 따사로운 눈, 사랑이 어린 눈길

검은 눈동자가 많이 보이는 눈길이라면 흰자위가 많이 보이도록 째려 보는 白眼 báiyǎn과는 정반대의 의미겠지요.

黑 hēi

(형) 검은, 어두운, 비밀의, 나쁜
(동) 감추다 (명) 검은색

黑는 검은색과 검은색이 내포하는 다양한 표현을 가지고 있습니다. 별로 좋은 뜻은 없군요.

黑暗 hēi'ān 어두운, 깜깜한
黑板 hēibǎn 칠판

음역할 때도 쓰는데, 역시 좋지 않은 의미의 단어입니다.

黑客 hēikè 해커

紫 zǐ

(명) 자색, 보랏빛 (형) 자색의

紫 는 '자주색, 보라색'을 가리킵니다.

紫里毫青 **zǐliháoqīng** 퍼렇게 멍이 들다

色 sè (명) 색, 색채, 안색, 경치, 종류

앞서 살펴본 색을 통틀어 色 라고 합니다.
色 에는 '색상' 외에 '색정, 성욕' 같은
뜻도 있지요. 우리말과 같습니다. 앞서
배운 沙拉 처럼 외국어를 음역할 때도
씁니다.

色拉 sèlā 샐러드

맛있게 먹겠습니다

'살기 위해 먹느냐, 먹기 위해 사느냐?'라는 오래된 질문에서 보듯 '먹는다'
는 행위는 인간에게 대단히 중요한 일입니다.
우선 음식의 종류를 알아본 후 먹는 행동을 나타내는 표현을 배워봅시다.

饼 bǐng　(명) 음식

饣이 들어가면 음식과 관련된 글자임은 앞서 살펴보았습니다. 饼은 특
정한 음식이라기보다는 가루로 동그랗게 반죽해 찌거나 구운 납작한
음식을 두루 나타내는 표현입니다. 그래서 饼干 bǐnggān은 비스킷, 月
饼 yuèbǐng은 월병을 가리킵니다.

餐 cān　(동) 먹다　(명) 요리, 식사

餐은 우리말로는 '반찬'을 뜻하는데, 중국어에서는 훨씬 다양하고 확
대된 의미로 쓰입니다. 그래서 길에서 '食堂 shítáng (단체 식당)'은 찾기
어렵지만 餐厅 cāntīng(식당)은 넘쳐나지요.

快餐厅 **kuàicāntīng** 패스트푸드점

희한한 것 중 하나가 餐이란 글자인데, 이렇게 자주 쓰이면서도 복잡한 글자에 간체자가 없다는 점입니다.

菜 **cài** 채소, 야채
茶 **chá** 차
醋 **cù** 식초
蛋 **dàn** 달걀, 알
饭 **fàn** 밥

饭 fàn은 '밥' 입니다. 물론 식사란 의미도 가지고 있습니다.

开饭 **kāifàn** 식사를 시작하다
炒饭 **chǎofàn** 볶음밥

주의해야 할 단어가 饭店 fàndiàn입니다. 우리나라에서는 자장면집을 'ㅇㅇ반점' 이라고 부르지만 중국에서 饭店은 호텔을 가리키거든요.

锅 **guō** 솥, 냄비

锅는 '솥, 냄비' 라는 뜻인데, 중국 식당에 가면 쉽게 만나는 글자입니다. 鍋(냄비 과)의 간체자로 냄비요리에 이 글자가 붙기 때문이지요. 요즘은 우리나라에도 중국 火锅요리집이 많이 들어섰더군요.

火锅 **huǒguō** 신선로, 전골

酒 jiǔ는 우리나라 사람보다 중국인이 더 좋아하는 것 같습니다. 중국 땅에는 세계적인 명주들이 즐비하니까요.

酒 jiǔ 술

啤酒 píjiǔ 맥주

茅台酒 máotáijiǔ 마오타이주. 고량을 원료로 한 귀주성 특산술

二锅头酒 èguōtóujiǔ 고량을 원료로 만든 술

老酒 lǎojiǔ = 黄酒 huángjiǔ 쌀과 수수로 만든 남방지방의 술

米는 '쌀' 이란 뜻 외에 길이의 단위 '미터' 라는 뜻도 있습니다.

米 mǐ 쌀

米饭 mǐfàn 쌀밥   饭 ◀飯(밥 반)

一米八零 1미터 80센티미터

萝卜 luóbo 무

馒头 mántou 만두

包子 bāozi 만두

여기서 '만두' 는 소가 없는 찐빵을 말하는데 북방 사람들이 밥 대신 먹
는 음식입니다. 소가 있는 우리나라식 만두는 饺子 jiǎozi라고 합니다.
包는 소가 들어간 찐빵 종류로 중국인들이 즐겨 먹는 음식이죠. 특히
서민층에서는 큼지막한 包 한두 개로 끼니를 떼우는 일이 흔합니다. 물
론 包의 종류도 많아서 온갖 종류의 야채부터 육류를 넣은 것들이 입맛
을 돋굽니다. 우리나라에서 흔히 먹는 단팥이 들어간 것도 있지요.

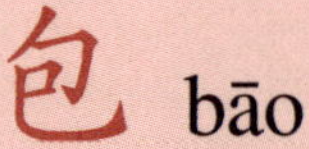

包 bāo

(동) (종이 따위로) 싸다, 포위하다

(명) 꾸러미, 봉지, 가방, 만두, 찐빵

알고 보니 包의 의미가 한두 개가 아니군요.

包括 bāokuò 포함하다
包裹 bāoguǒ 소포
包装 bāozhuāng 포장하다
手提包 shǒutíbāo 핸드백
提包 tíbāo 가방

국 종류의 음식 명칭에 자주 쓰이는 글자입니다. 汤은 湯(끓일 탕)의 간체자죠.

汤菜 tāngcài 국
汤水儿 tāngshuǐr 뜨거운 국물

탕수육에 붓는 국물이 바로 이것이군요.

肉 ròu 고기
油 yóu 기름
糖 táng 설탕
盐 yán 소금

盐은 鹽(소금 염)의 간체자입니다. 이 글자는 우리도 바꿨으면 싶네요. 鹽자가 하도 어려우니 말이에요.

玉米 yùmǐ 옥수수

玉 yù는 보석의 일종인 옥이라는 뜻이죠. 그런데 왜 米를 만나 옥수수가 됐을까요? 저도 그 이유는 모르겠는데, 다만 아침 출근길에 수많은 玉米 노점상들이 찐 옥수수를 들고 나와 파는 모습은 중국의 여러 곳에서 쉽게 볼 수 있습니다. 물론 엄청 잘 팔리죠. 간단한 식사 또는 요깃거리인 셈입니다.

鱼 yú 물고기

鱼는 魚(물고기 어)의 간체자입니다. ⺗이 一로 되었는데요, 여러 개의 점이 一로 변하는 것은 -가 간화한 纟에서도 마찬가지였죠.

그럼 음식 종류를 알아보았으니, 이번에는 음식과 관련된 동작, 즉 조리법이나 식사와 관련된 표현을 알아보겠습니다.

吃 chī　　(동) 먹다, 마시다　　(명) 식사

吃은 喫(마실 끽)과 같은 글자로, 우리는 별로 쓰지 않지만 중국에서는 흔히 사용합니다. 먹고 마시고 피우고 하는 모든 행위를 나타내거든요. 그뿐 아니라 수많은 의미를 내포하고 있습니다. 우리말 '먹다' 가 여러 의미를 갖는 것과 마찬가지로요.

吃饭 chīfàn 식사하다, 생활을 영위하다
吃茶 chīchá 차를 마시다
很好吃 hěn hǎo chī 맛있다
不好吃 bù hǎochī 맛이 없다
吃好了。잘 먹었습니다.

吃惊 chījīng 놀라다

惊 jīng은 驚(놀랄 경)의 간체자입니다. 원래 글자와 간체자 사이에 어떤 연결고리도 없다니 상전벽해군요.

吃香 chīxiāng 인기가 있는, 평판이 좋은
吃心 chīxīn 걱정하다, 욕심

마음을 먹는 것은 속을 갉아먹는 것이나 다름없으니까 걱정이나 욕심을 나타내나 봐요. 마음을 편안히 갖는 것이 건강의 지름길.

尝 cháng (동) 맛보다, 경험하다

尝은 嘗(맛볼 상)의 간체자입니다. 우리에게는 낯선 글자지만 중국어에서는 흔히 쓰는 표현이지요.

尝尝这个菜。 이 음식 맛 좀 보세요.

饿 è (형) 배고픈 (동) 굶기다

饿는 餓(굶주릴 아)의 간체자입니다.

我饿了。 나는 배가 고프다.
肚子饿了。 배가 고프다.

肚子 dùzi는 배, 복부를 뜻하죠. 앞서 배웠지요. (➡ 91쪽)

饱 bǎo　　　(형) 배부른, 충실한　(부) 충분히　(동) 만족시키다

饱는 饿의 반대되는 의미라 할 수 있습니다.

吃饱了。배불리 먹었다
我饱了。나는 배가 부르다

食 shí　　　(동) 먹다　(명) 음식, 식사

食는 다른 글자의 일부분으로 쓰일 때는 飠로 변하지만 저 혼자 쓰일
때는 변치 않습니다.

食物 shíwù 음식물
食品 shípǐn 식품
食堂 shítáng 구내식당

일반적인 식당의 의미로는 앞서 배운 餐厅을 많이 씁니다.

味 wèi　　　(명) 맛, 냄새

味는 우리말에서는 자주 쓰는 표현이지만, 중국어에서 '맛보다'는 말에는 앞서 배운 尝을 씁니다. '맛'이라는 의미로는 味道 wèidao를 쓰고, '냄새'를 뜻할 때는 味儿 wèir를 사용합니다.

煮 **zhǔ**　　　(동) 삶다, 끓이다, 익히다

앞서 간체자에서는 灬은 一로 바뀐다고 했는데 예외도 있군요. 이 글자는 안 바뀌었으니까요.

煮饭 **zhǔfàn** 밥을 짓다

양 잃고 외양간 고친다?

동물도 인간과 떼려야 뗄 수 없는 친근한 존재입니다. 특히 가축의 경우에는
더욱 그렇죠. 중국어에서 가장 중요한 동물이라고 하네요.

狗 gǒu　　(명) 개

'개'는 친근한 동물이지만 우리말에서처럼 사람을 얕잡아 볼 때도 씁
니다.

走狗 zǒugǒu　사냥개, 앞잡이 개, 주구

톈진天津에 가면 '狗不理'라는 유명한 만두집이 있는데, 간판을 해석
해보면 '개도 상대하지 않는' 만두집입니다. 그 만두집 주인은 어릴 적
부터 개차반으로 소문이 자자했죠. 그가 커서 만두집을 차렸는데, 맛이
기가 막혀 서태후도 즐겨 먹었다고 합니다. 그런 그의 별명을 따서 지
은 것이죠.

鸡 jī　　(명) 닭

鸡은 鷄(닭 계)의 간체자입니다. 뜻은 당연히 닭.

鸡鸣狗盗 jīmínggǒudào 계명구도, 어중이떠중이
鸡蛋 jīdàn 계란

蛋은 '동물의 알'을 뜻하죠.

马 mǎ　　　(명) 말 (형) 큰

중국어에서 가장 중요한 동물은 말입니다. 왜냐고요? 馬(말 마)의 간체자인 马가 워낙 대단해서죠.
뜻만 봐서는 아무 것도 아닌 듯하죠. 그러나 그 표현을 보면 놀라실 걸요.

马虎 mǎhu 건성건성하다, 소홀하다
马路 mǎlù 큰길, 대로
马上 mǎshàng 곧, 즉시, 말 위

왜 이런 뜻으로 쓰이는지는 잘 모르겠지만 여하튼 다양한 의미로 쓰입니다. 그뿐 아니라 음역에도 자주 쓰입니다.

马拉松 mǎlāsōng 마라톤
马克 mǎkè 마르크화
马列主义 mǎlièzhǔyì 마르크스레닌주의　　　义◀義(옳을 의)
马克思 mǎkèsī 마르크스
马达 mǎdá 모터　　　达◀達(미칠 달)

马克思는 공산주의의 창시자인 만큼 지금도 중국 방방곡곡에서 이 이름을 찾을 수 있습니다. 그러니 알아두는 게 좋겠죠.

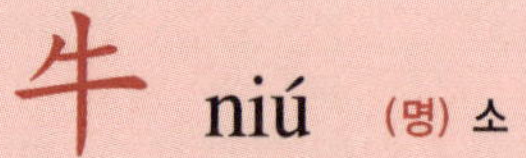

鸟 niǎo　　(명) 새

조심해야 할 글자가 鸟입니다. 鳥(새 조)의 간체자인데 많이 줄어들었죠. 그렇다면 烏(까마귀 오)의 간체자는 어떻게 생겼을까요? 乌 wū입니다. 점 하나가 빠졌지요. 온몸이 새까매서 까만 눈이 보이지 않아 그렇대요.

牛 niú　(명) 소

소는 우리말에서처럼 고집 세고 완고한 성격을 비유할 때 씁니다.

牛脾气 niúpíqi 황소고집, 고집불통

牛에는 '허풍치다' 는 뜻도 있어서 吃牛 chīniú 하면 '허풍을 떨다' 는 뜻입니다.

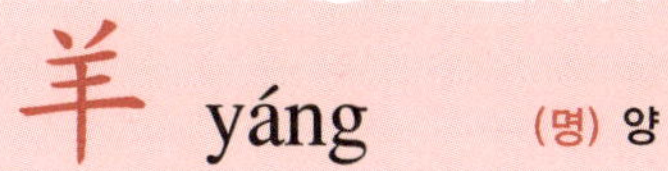

羊 yáng　　　(명) 양

우리말에 '소 잃고 외양간 고친다' 는 속담이 있죠? 중국에서는 亡羊补牢 wángyángbǔláo라고 '소' 를 '양' 으로 바꿔 씁니다. 그리고 우리말에서처럼 '손실이 난 후에는 소용없다' 는 뜻 말고 '이후에 또 일어날 재난에 대비할 수 있다' 는 긍정적인 의미도 담고 있습니다.

그밖에도 猫 māo는 고양이, 蛇 shè는 뱀입니다.

22

열심히 일합시다

산업 분야는 너무도 광범위해서 끝이 없을 정도입니다. 따라서 꼭 알아야 할 글자와 표현만 배워보죠. 회사 정보를 이해하고 도로에서 마주치는 여러 정보, 그리고 언론에 보도되는 내용을 이해할 만큼만 말이지요.

工 gōng　　(명) 노동자, 노동, 공업, 기능

산업 발전에 가장 기본이 되는 것이 바로 노동자죠. 그래서 이 글자부터 배웁니다.

工厂 gōngchǎng 공장

厂은 廠(공장 창)의 간체자입니다. 복잡한 글자가 쓰기 좋고 읽기 좋은 글자로 바뀌었습니다.

工程 gōngchéng 공정, 공사

우리말에서는 공사의 진행과정을 뜻하는 데 비해, 중국어에서는 '공사(현장)'라는 개념이 강합니다. 그래서 土木工程은 '토목공사'를 뜻하고 工程士 gōngchéngshī는 '기사'를 가리킵니다.

工夫 gōngfu (투자한) 시간, 여가, 솜씨

你有工夫吗？ 너 시간 좀 있니?

우리말의 공부와는 사뭇 다르군요.

이와 비슷한 단어로 功夫 gōngfu가 있습니다. 工夫와 뜻이 비슷한데 '솜씨, 노력'의 뜻이 강합니다.

工业　gōngyè　공업　　　　　　　　　　业◀業(일 업)

工作　gōngzuò　일, 노동, 작업, 일하다

工会　gōnghuì　노동조합

工人　gōngrén　노동자

工资　gōngzī　임금

우리말에서 공작은 계략을 꾸민다는 뉘앙스가 강한데 중국에서는 순수하군요.

工作服　gōngzuòfú　작업복

货　huò　　　　　(명) 돈, 화폐, 상품, 화물

돈이건 화물이건 산업 발전에는 필수적입니다.

货는 貨(재물 화)의 간체자.

货币　huòbì　화폐

币는 幣(비단 폐)의 간체자. 위는 싹둑 잘라냈군요.

중국에서 자신들의 화폐를 무어라 부르는지 아세요? 人民币 rénmínbì 라고 합니다.

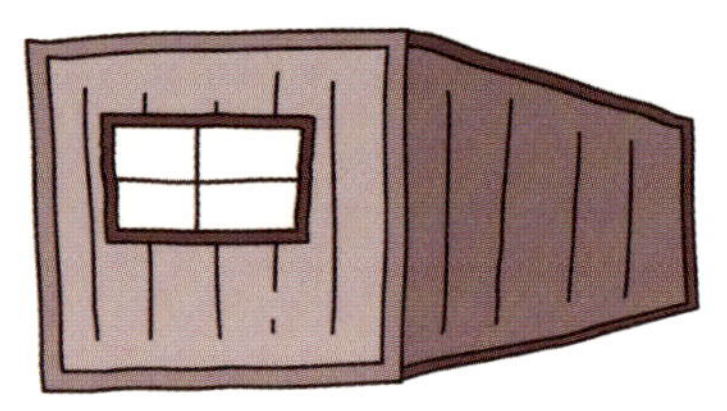

货物　huòwù　상품, 화물
货箱　huòxiāng　콘테이너

箱은 상자란 뜻이니까 화물 넣는 상자가 콘테이너, 그럴 듯합니다.

造는 실제로 만들건 위조를 하건, 아니면 보이지 않는 것을 이루든 여하튼 만든다는 뜻이군요. 명사로는 소송 당사자를 뜻하는데, 소송이란 분란을 만드는 거라 그런 뜻이 생겼을까요?

创造　chuàngzào　창조하다, 발명하다

创은 創(만들 창)의 간체자입니다. '창조하다, 시작하다' 란 뜻을 갖고 있죠.

创作　chuàngzuò　(작품을) 창작하다
造句　zàojù　글을 짓다

资가 資(자본 자)의 간체자임은 말씀 안 드려도 아시겠죠.

资本 **zīběn** 자본
资料 **zīliào** (생산)수단, 필수품, 자료
资源 **zīyuán** 자원
资格 **zīgé** 자격, 경력

电 diàn

(명) 전기 (동) 감전되다

그 뜻도 간단하고 생김새도 간단한 电. 그러나 산업에 있어서는 식량이라고 할 수 있죠. 전기 없이는 하루도 지탱해 나갈 수 없는 것이 현대문명이니까요.

电는 電(번개 전)의 간체자입니다. 그래서 중국 공항에 내리면 처음 눈에 띄는 것이 바로 우리나라의 电子 회사 광고판이죠.

电子 **diànzǐ** 전자
电子商务 **diànzǐshāngwù** 전자상거래　　　　务 ◀務(일 무)
电子邮件 **diànzǐyóujiàn** 이메일

邮 yóu는 郵(역참 우)의 간체자이며 뜻은 '우편의, 우편으로 부치다' 입니다.

邮件 **yóujiàn** 우편물

이메일은 음역을 해서 伊妹儿 yīmèir이라고도 합니다. 그럼 나온 김에 이메일과 관련된 표현을 알아봅시다.

附件 fùjiàn은 첨부파일, 地址 dìzhǐ는 주소를 가리킵니다.

电脑 **diànnǎo** 컴퓨터
电视 **diànshì** 텔레비전

视 shì는 '보다'란 뜻이죠. 전기를 통해 보는 것이니까 텔레비전이군요.

电视台 diànshìtái 텔레비전 방송국

여기서 视를 빼면? 방송국.

电话 diànhuà 전화

그럼 휴대전화는? 앞서 배웠습
니다, 手机 shǒujī라고.

电梯 diàntī 엘리베이터

梯 tī는 '사다리, 계단' 이란 뜻이거든요. 그럼 에스컬레이터는?
升降梯 shēngjiàngti입니다.

电风扇 diànfēngshàn 선풍기

风은 바람, 扇은 '부채'를 뜻하니까 당근 선풍기죠.
부채는 扇子 shànzi.

电影 diànyǐng 영화

중국 영화가 워낙 인기라 모르는 분이 없을 걸요.

电炉 diànlú 전기 난로　　　　　　　　　　　　　炉◀爐(화로 로)
电灯 diàndēng 전등

灯은 燈(등잔 등)의 간체자로, 뜻은 '등, 등불' 입니다.
그럼 전구는? 电灯泡 diàndēngpào라고 합니다.

166

机 jī

(명) 기계, 비행기, 기회, 기능

机는 앞서 이곳저곳에서 나왔으므로 눈에 익었을 것입니다.

机场 jīchǎng 공항

飞机 fēijī 비행기　　　　　　飞◀飛(날 비)

机械 jīxiè 기계

机床 jīchuáng 선반, 공작기계

机器 jīqì 기계

机关 jīguān 기계 기관, 기관(공공기관)　　관◀關(빗장 관)

机会 jīhuì 기회

生 shēng

(동) 낳다, 태어나다, 생기다, 자라다, 발생하다

(명) 생활, 생명, 생애

(형) 생것인, 미숙한 **(부)**매우

生은 그 뜻이 너무도 다양해서 어디에도 속하기 어려울 정도죠. 하지만 산업의 기본은 새로운 것을 만드는 것이기에 여기서 다루기로 합니다.

生产 shēngchǎn 생산(하다), 출산하다　　产◀産(낳을 산)

生动 shēngdòng 생동감 있는, 생생한　　动◀動(움직일 동)

生长 shēngzhǎng 성장하다, 자라다　　长◀長(길 장)

生活 shēnghuó 생활, 생존하다

生命 shēngmìng 생명

生来 shēnglái 태어날 때부터, 천성

生气 shēngqì 화내다, 생기, 생명력

生日 shēngrì 생일

祝你生日快乐！ 생신을 축하드립니다.

生物 shēngwù 생물

生意 shēngyi 생기, 활기

生意 shēngyì로 성조가 바뀌면 뜻이 완전히 달라집니다. 어떻게요? '장사, 영업'

材 cái (명) 재료, 재목, 재능

재료 없이는 물건을 만들 수 없습니다. 바로 그 재료를 뜻하는 글자가 材입니다. 데이터라는 뜻도 품고 있죠.

材料 cáiliào 재료, 자료, 데이터

办 bàn (동) 처리하다, 취급하다, 경영하다, 운영하다, 구입하다, 준비하다, 문서를 작성하다

생긴 것은 괴팍하지만 경영과 관련된 뜻은 모두 담고 있는 놀라운 글자입니다. 辦(힘쓸 판)의 간체자인데, 가운데 있던 力만 남기고 점 두 개로 간단히 처리했습니다.

办法 bànfǎ 방법, 수단

办公 bàngōng 집무를 보다, 근무하다

'사무를 본다, 근무한다'는 뜻으로
널리 쓰이는 표현입니다. 그래서 사
무실은 办公室 bàngōngshì가 되죠.
办事 bànshì도 '일을 보다, 처리하
다'란 뜻을 갖습니다.

帮 bāng   (동) 돕다, 거들다 (명) 물건의 측면

우리말에서는 잘 쓰지 않지만 중국어에서는 자주 쓰는 글자입니다. 幫
(도울 방)의 간체자인데, 워낙 복잡한 글자라 줄여도 어렵군요.

帮忙 bāngmáng 일을 돕다, 원조하다, 원조

帮手 bāngshǒu 돕다, 거들다

帮助 bāngzhù 돕다, 원조하다

变 biàn   (동) 변하다, 바뀌다

变은 變(변할 변)의 간체자이자 약자입니다. 영어의 become과 유사한
표현이죠.

变成 biànchéng 변하여 ~이 되다
变更 biàngēng 변경(하다), 고치다
变化 biànhuà 변화(하다)

补 bǔ　　(동) 보수하다, 깁다, 보충하다

補(기울 보)의 간체자인 补는 衤이 들어 있는 걸로 봐서 옷과 연관이 있 겠죠. 그래서 본래 '옷을 깁다, 때우다'란 의미에서 출발해 '보수하다, 보충하다' 등으로 그 의미가 확대된 것입니다.

补充 bǔchōng 보충하다, 보완하다, 보충
补课 bǔkè 보충수업하다

课 kè는 '수업, 강의, 과목'을 뜻한다고 앞서 살펴보았습니다.

超 chāo　　(동) 넘다, 초과하다

超产 chāochǎn이 무슨 뜻인지 아시겠죠. '초과생산'입니다. 경영진은 좋아하고 노동자는 괴로운 단어 말이에요. 超车 chāochē라는 단어도 재 미있는데, '(차를) 추월하다'

란 뜻입니다. 超速 chāosù는 '과속하다'이고요. 超过 chāoguò도 '추월하다, 초과하다'란 뜻인데, 이때는 자동차에 국한하지 않고 모든 경우에 해당됩니다.

成 chéng

(동) 이루다, 완성하다, 성공하다, ~이 되다

成은 그 의미에서 볼 수 있듯이 좋은 뉘앙스를 풍깁니다. 그래서 '훌륭하다, 대단하다' 같은 의미까지 확대해 사용하고 있습니다.

成分	chéngfèn	성분, 요소, 비용	
成功	chénggōng	성공(하다), 완성(하다)	
成绩	chéngjì	성적, 성과	绩◂績(쌓을 적)
成果	chéngguǒ	성과, 수확	
成立	chénglì	(조직을) 설치하다, 결성하다, 성립하다	
成熟	chéngshú	성숙하다, 익다	
成为	chéngwéi	~이 되다	为◂爲(할 위)
成长	chéngzhǎng	성장하다, 자라다	

打 dǎ

(동) 때리다, 깨뜨리다, 공격하다, 쌓다, 제조하다, 만들다, 제거하다, 계산하다

打를 '때리다, 치다' 정도의 뜻으로만 쓰는 우리에게 중국어 打 dǎ의 다양한 의미는 정말 놀랍습니다. 조금 과장하면 아무데나 써도 된다고 할

정도지요. 그러니 글자의 뜻을 기억하기보다 표현을 기억해 두는 편이 낫겠네요.

打扮 dǎban 분장(하다), 장식(하다)

打包 dǎbāo 포장하다

打发 dǎfa 파견하다, 보내다, 해고하다　　　　发◀發(펼 발)

打架 dǎjià 싸우다, 다투다

打搅 dǎjiào 방해하다, 폐를 끼치다　　　　搅◀攪(어지러울 교)

打扰 dǎrǎo도 같은 의미로 쓰입니다. 扰는 擾(요란할 요)의 간체자입니다. 憂가 尤로 바뀐 셈이죠. 마찬가지로 優(넉넉할 우)도 优 yōu(뛰어난, 훌륭한, 우수한, 배우)로 바뀝니다.

打开 dǎkāi 열다, 풀다, 타개하다　　　　开◀開(열 개)

打算 dǎsuan ~할 작정이다, ~하려고 하다, 계획하다, 생각, 계획

我打算当教师。 난 교사가 되려고 한다.

헷갈리기 쉬운 표현입니다. 우리말 打算은 썩 좋지 않은 뜻, 예를 들면 '계산속, 속셈' 같은 의미를 갖는데 비해 중국어에서는 전혀 다른 의미로 쓰이니까요.

打碎 dǎsuì （때려） 부수다

打听 dǎting 물어보다, 알아보다　　　　　　　　听 ◂聽(들을 청)

打招呼 dǎzhāohu （가볍게） 인사하다, （사전에） 알리다

打针 dǎzhēn 주사놓다

dāng	（동） 담당하다, 맡다, 관리하다, 대처하다
	（조동） 당연히 ~해야 한다
当	（개） 바로 그 시간이나 장소를 가리킴
dàng	（동） 간주하다, ~로 여기다, ~라고 생각하다
	（형） 정당한, 알맞은

当은 當(당할 당)의 간체자이자 약자입니다. 当은 특히 성조 변화에 따라 그 뜻이 달라지므로 조심해야 합니다. 우선 **dāng**으로 발음할 때의 표현을 살펴봅시다.

当地 dāngdì 현지, 현장

当前 dāngqián 현재, 현 단계

当年 dāngnián　　　　　　　　　　　　　　时 ◂時(때 시)

当日 dāngrì 그날, 그때

위 표현들을 잘 보면 当이 '그'라는 형용사적 용법으로 쓰였음을 알 수 있습니다. 이러한 품사를 중국어에서는 개사라고 부르지요. 그러니까 개사는 전치사, 관형사 등 여러 역할을 하는 셈이네요.

当然 dāngrán 당연한

当选 dāngxuǎn 당선하다, 당선되다

选은 選(뽑을 선)의 간체자입니다. 복잡한 부분을 없애고 대신 같은 발음
의 先을 갖다 놓았군요.

이번에는 dàng으로 발음하는 경우입니다.

当做　dàngzuò　~로 여기다, ~로 간주하다

当时　dāngshí　바로 그때, 즉시

앞서 살펴본 当时 dāngshí와 어감이 다르죠?

当真　dàngzhēn　사실이다.　　　　　　　　真◀眞(참 진)

动　dòng　　(동) 움직이다, 행동하다, 바꾸다, 사용하다

앞서 살펴보았듯이 动은 動(움직일 동)의 간체자입니다. 간체자를 잘 살
펴보면, 글자의 뜻을 나타내는 부분은 남기고 음을 나타내는 부분을 줄
인 경우가 대부분임을 알 수 있습니다.
動도 힘써 움직인다는 뜻이므로 力 부분을 남기고 重 부분은 줄인 것이죠.

动人　dòngrén　감동시키다, 감동적인
사람을 움직였으니 감동적일 수밖에요.

动身　dòngshēn　출발하다
你几时动身?　몇시에 출발합니까?
출발하려면 몸을 움직여야 하죠. 그럼 손을 움직이
는 것은 무슨 뜻일까요?

动手 dòngshǒu 시작하다, 착수하다

음! 일을 시작하는 거군요. 전시관 같은 곳에 请勿动手。라고 쓰여 있는 것을 볼 수 있습니다. '손대지 마시오.' 라는 뜻이죠.

动员 dòngyuán 동원하다, 설득하다
动作 dòngzuò 동작, 행동, 움직이다

发 fā　(동) 보내다, 교부하다, 발송하다, 발사하다, 생산하다, 발생하다, 표현하다, 전개하다, 발견하다

发는 發(펼 발)의 간체자임은 앞서 배웠지요. 이 글자도 다양한 의미를 품고 있는데, 대부분 안에서 밖으로 보내거나 드러낸다는 뜻이죠.

发表 fābiǎo 발표(하다)
发出 fāchū (소리를) 네디, (편지를) 보내다
发达 fādá = 发展 fāzhǎn 발전하다, 발달하다
发动 fādòng 개시하다, 행동을 시작하다, 시동을 걸다
发抖 fādǒu 벌벌 떨다

抖 dǒu는 '떨다, 흔들다' 라는 뜻을 갖습니다.

发生 fāshēng 발생하다, 생기다
发誓 fāshì 맹세하다
发现 fāxiàn 발견(하다)
发行 fāxíng 발행하다

发가 머리카락이라는 의미로 쓰이기도 하는데, 이때는 성조가 fà입니다. 이때의 发는 髮(터럭 발)의 간체자로 쓰인 것입니다.

发带 fàdài 리본, 헤어밴드　　　　　　　　　　　　带 ◀帶(띠 대)

发夹 fàjiā 머리핀

发明 fāmíng 발명(하다)

发烧 fāshāo 열이 나다

烧는 燒(불태울 소)의 간체자죠. '태우다, 가열하다, 굽다, 열이 나다' 같은 뜻을 갖습니다.

비슷한 뜻으로 发热 fārè(열을 내다)도 있습니다. 热은 熱(더울 열)의 간체자.

热 rè

(명) 열, 유행　　(동) 가열하다

(형) 더운, 뜨거운, 인기 있는

热爱 rè'ài 열애하다

热烈 rèliè 열렬한, 열정적인

热闹 rènao 번화한, 왁자지껄한

闹는 鬧의 간체자로 '떠들썩하다, 나쁜 일이 발생하다' 라는 뜻입니다.

热情 rèqíng 열정, 열정적인

热心 rèxīn 열심인, 적극적인, 친절한

改 gǎi

(동) 변하다, 바뀌다, 바꾸다, 변경하다,

바로잡다, 고치다

改는 우리말에서 쓰일 때와 별반 다르지 않습니다.

改变 gǎibiàn 변하다, 바꾸다, 변경하다, 변화　　　变 ◀變(변할 변)
改革 gǎigé 개혁(하다) = 改造 gǎizào 개조하다, 개혁하다

현대 중국에서 가장 자주 쓰는 단어 가운데 하나죠. 그런데 발음이 우리 발음과 전혀 다르군요.

改进 gǎijìn 개량(하다), 개선(하다)

进은 자주 쓰이는 글자로 進(나아갈 진)의 간체자입니다. 그럼 나온 김에 자세히 살펴볼까요.

进 jìn

（동）나아가다, 전진하다, 사들이다

进은 뜻이 '나아가다, 전진하다, 사들이다' 정도로 간단합니다만 그를 이용한 어휘는 꽤 많습니다.

进步 jìnbù 진보(하다), 진보적인
进口 jìnkǒu 입항하다, 수입하다
进来 jìnlái 들어오다
　烟冲进来了。 연기가 확 들어왔다.

进来는 그 자체로 '들어온다'는 뜻을 갖지만, 동사 뒤에 쓰여 안으로 들어옴을 나타내기도 합니다.

进去 jìnqù 들어가다

进来와 뜻이 같은 건지 다른 건지 헷갈리네요.

你进去看看。네가 안에 들어가 좀 보아라.

음, 뜻이 분명히 다르군요.

进入 jìnrù 들다, 진입하다

이 표현은 '어떤 시기 또는 범위 안에 들어감'을 나타냅니다. 느낌이 앞의 표현과 다르죠.

进行 jìnxíng 진행하다
进修 jìnxiū 연수하다

供 gōng　(명) 공급　(동) 공급하다, 제공하다

供은 공급한다는 뜻을 갖는데, 성조가 gòng으로 바뀌면 뜻이 '(제물을) 바치다, 제물'로 바뀝니다.

供给 gōngjǐ 공급(하다)

이와 비슷한 뜻으로 供应 gōngyìng이 있습니다. 뜻은 '제공(하다), 보급(하다)'.

管 guǎn

(명) 관, 대롱

(동) 담당하다, 관리하다, 지도하다

管이 명사로 쓰이면 '관악기, 대롱'의 의미를 갖지만, 동사로는 '관리하다, 담당하다'란 뜻입니다.

管理 guǎnlǐ 관리(하다)
管道 guǎndào 파이프

技 jì

(명) 기술, 솜씨

技는 명사로 '기술, 재능'의 의미를 가집니다.

技术 jìshù 기술   术 ◀術(꾀 술)
技艺 jìyì 기예   艺 ◀藝(심을 예)

计 jì

(동) 세다, 계산하다, 헤아리다, 계획하다

(명) 계획, 계량기

计는 計(꾀할 계)의 간체자죠. 言이 변으로 쓰일 때 讠으로 변하는 것이 간체자의 기본임은 여러 번 배웠습니다.

计划 **jìhuà** 계획(하다)

划은 劃(그을 획)의 간체자입니다. 알아보기 힘들 만큼 변해버렸네요. 하지만 무언가를 그으려면 창(戈)이나 칼(刂) 같은 날카로운 것이 필요하니 의미는 어느 정도 맞네요.

加 **jiā**   (동) 더하다, 증가하다, 늘리다, 붙이다

加는 '증가하다, 늘리다' 등과 함께 '더하기' 라는 뜻도 가지고 있습니다. 그래서 이런 표현에 쓰이죠.

二加三等于五。 2+3=5

加工 **jiāgōng** 가공하다

加班 **jiābān** 초과근무하다

이와 유사한 표현으로 加点 **jiādiǎn**(초과근무하다)을 쓰기도 합니다.

加点工作 **jiādiǎngōngzuò** 연장근무, 초과근무, 작업

加强 **jiāqiáng** 강화하다, 보강하다

加薪 **jiāxīn** 임금을 올리다

薪은 본래 '땔나무' 라는 뜻인데, 뜻이 바뀌어 '봉급, 급여' 라는 의미로도 쓰입니다. 옛날에는 땔나무가 얼마나 중요했는지 짐작할 수 있겠네요.

加油站 **jiāyóuzhàn** 주유소

加以 **jiāyǐ** ～을 가하다, ～하다, 게다가, 그 외에

加以가 동사로 쓰일 때는 동사 앞에 놓여 앞의 사물을 처리하는 방법을 나타냅니다. 어렵죠? 예를 보면 이해가 쉬울 것입니다.

加以解决 해결하다.

建 jiàn

(동) 짓다, 건축하다, 설립하다, 제안하다

우리말 의미와 비슷해 배우기 쉬운 글자입니다.

建立 jiànlì 세우다, 구축하다
建设 jiànshè 건설(하다)　　　　　　　　设 ◀設(베풀 설)
建议 jiànyì 건의(하다)　　　　　　　　议 ◀議(의논할 의)
建交 jiànjiāo 국교를 맺다
建筑 jiànzhù 건축(하다)

간체자에서 가장 혼란스러운 것이 筑 같은 경우죠. 본래 글자가 築(지을 축)이니까 그냥 아랫부분을 없앤 섭니다. 얼핏보면 글자를 쓰다 만 듯하거든요.

设 shè

(동) 배치하다, 설치하다, 계획하다

设备 shèbèi 설비하다, 갖추다, 설비

备 bèi는 備(갖출 비)의 간체자입니다. 상전벽해가 되었군요. 뜻은 '구비되다, 준비하다, 대비하다, 설비'.

设计 shèjì 설계(하다), 디자인(하다), 계획(하다)　　　　　　计 ◀計(꾀 계)

표지디자인은 封面设计 fēngmiànshèjì라고 합니다. 封面이 '표지' 라는 뜻이거든요.

设立 shèlì 세우다, 설립하다.

经 jīng
(동) 경영하다, 경과하다, 경험하다
(형) 정상적인, 통상의 　(명) 경서

经은 經(날 경)의 간체자입니다. 특히 오른쪽 부분을 조심하십시오. 독특하게 변하니까요. 뜻은 '경전, 경서' 같은 명사부터 '경영하다' 같은 동사에 이르기까지 다양합니다.

经常 jīngcháng 늘, 항상, 보통의, 정상적인
经过 jīngguò 경과하다, 경험하다

过는 過(지날 과)의 간체자죠. '시간이 지나다' 라는 의미로부터 시간을 나타내는 寸을 써서 간단하게 바꾸었습니다.

经济 jīngjì 경제　　　　　　济 ◀濟(건널 제)

요즘 가장 중요한 개념으로 자리잡은 단어죠. 예전에는 글을 모르거나 철학을 모르면 사람 취급을 하지 않았다는데, 이젠 세상 사람 모두가 경제적 동물이 되었습니다. 그런데도 모두 풍요롭고 행복해지지 않으니 이상하죠?

经理 jīnglǐ 경영하다, 경영자, 지배인

우리나라 사람들이 중국인을 마주할 때 가장 헷갈리는 호칭이 经理입니다. 중국에서 经理는 '이사, 지배인, 대표'를 의미합니다. 그래서 기업 대표를 总经理 zǒngjīnglǐ라고 부르죠. 절대 회계장부를 기록하는 직책으로 착각하지 마십시오.

经历 jīnglì 겪다, 경험하다, 경력

历은 歷(지낼 력)의 간체자입니다. 복잡한 내부를 발음이 같은 力 lì로 정리했군요.

经验 jīngyàn 경험

验은 驗(체험할 험)의 간체자죠. 馬는 马로, 僉은 佥 로 바뀌었군요. 이 원칙은 변함없으니 앞으로도 이 두 형태가 나오면 즉시 바꾸어 주십시오, 이렇게 말이죠.

嗎 → 吗 ma 의문조사

罵 → 骂 mà 욕하다

碼 → 码 mǎ　码头 mǎtou 부두

檢 → 检 jiǎn 검사하다

劍 → 剑 jiàn 칼, 검

險 → 险 xiǎn 위험, 위험한

经营 jīngyíng 경영하다　　　　　　　　　营 ◀營(경영할 영)

劳 láo

(동) 일하다, 노동하다, 위로하다

(명) 노동, 피로, 공로

劳는 勞(힘쓸 로)의 간체자입니다. 앞서 본 営과 같은 방식으로 줄어들었군요.

劳动 láodòng 노동하다

动◀動(움직일 동)

láodong으로 성조가 변하면 '수고하셨습니다!' 란 표현이 됩니다.

劳驾 láojià 수고하셨습니다, 죄송합니다

驾는 駕(수레 가)의 간체자로 '수레를 몰다, 운전하다' 같은 뜻을 갖는데, 劳驾가 왜 '죄송합니다' 가 되었을까요? 예전에는 긴 거리를 이동할 때 말이나 마차를 타고 오잖아요. 그러니 먼 길을 온 사람에게 '힘들게 오셨군요, 고생하셨어요' 라는 뜻으로 쓴 말이죠. 괜한 걸음을 시켰다고 생각할 때는 '죄송합니다' 를 돌려 말하는 것이겠고요.

<table>
<tr><td>立 lì</td><td>(동) 서다, 세우다, 설립하다   (형) 직립의
(부) 즉시, 곧</td></tr>
</table>

立에는 자동과 타동의 의미가 모두 포함되어 있을 뿐 아니라 부사의 의미도 있습니다.

立法 lìfǎ 입법하다

立即 lìjí 즉시, 곧, 당장

같은 표현으로 立刻 lìkè, 立地 lìdì, 立时 lìshí 등이 있습니다. 모두 '즉시, 곧'의 의미로 쓰입니다.

또 이런 용법도 있습니다.

立方 lìfāng 세제곱

그래서 立方米 lìfāngmǐ는 m³가 됩니다.

力 lì　　(명) 힘　(동) 힘쓰다, 노력하다

力는 육체적 힘뿐 아니라 물리학에서 말하는 힘까지를 두루 나타냅니다. 그래서 电力 diànlì(전력), 水力 shuǐlì(수력), 磁力 cílì(자기력) 등에 쓰입니다.

力量 lìliang 힘, 능력, 역량

力气 lìqi 육체적 힘, 완력, 체력

能 néng　　(명) 재능, 능력, 인재　(형) 재능있는, 유능한
(조동) ~할 수 있다, 될 수 있다, ~해야 한다

조동사로 많이 쓰이는 能은 그 뜻도 다양합니다. 영어로 말하면 can, must, may 등 대부분의 조동사 역할을 하는 편이죠. 그 외에 명사나

형용사적 의미로도 많이 쓰입니다.

能干 nénggàn 유능한, 재능 있는

형용사로 쓰인 경우군요.

能够 nénggòu ~할 수 있다

他能够说三种外语. 그는 세 가지 외국어를 할 수 있다.

明天的晚会, 家属也能够参加. 내일 파티에는 가족도 참가할 수 있다.

두 가지 예문의 느낌이 다르죠. 위 문장은 능력, 아래는 조건상 할 수 있음
을 나타냅니다. 이렇게 能够는 두 가지 경우 모두 사용 가능한 표현이죠.

能力 nénglì 능력, 역량

能源 néngyuán 에너지원

음! 能에는 에너지라는 뜻도 담겨 있군요.

起 qǐ
(동) 일어서다, 이동하다, 생기다, 발생하다, 기안하다, 시작하다

起 또한 의미의 다양함에서 뒤지지 않는 글자입니다. 기본 의미인 '일어
서다'에서 다양한 의미가 파생되었기 때문입
니다. 또 하나! 起는 동사 뒤에 붙어 방향을
나타내는 방향보어나 할 수 있는지의 여부
를 나타내는 가능보어로도 쓰입니다.

起床 qǐchuáng 일어나다, 기상하다

起飞 qǐfēi 이륙하다

飞는 飛의 간체자죠. 복습 하나! 비행기란 표현은? 답 : 飞机

起来 qǐlái 일어서다, 일어나다, 떠오르다
想起来了。 생각이 났다.

汽 qì　　(명) 증기, 기체

석유가 본격적으로 사용되기 전에는 석탄을 이용한 증기기관이 가장 중요한 에너지원이었습니다. 그래서 지금도 汽는 에너지와 관련된 단어에 쓰이고 있습니다.

汽车 qìchē 자동차
앞서도 살펴본 바 있는데 汽车는 기차가 아니라 자동차입니다.

汽水 qìshuǐ 사이다
汽油 qìyóu 휘발유, 가솔린
汽车에 쓰는 기름이라 이런 이름이 붙었나 봅니다.

实 shí　　(형) 충실한, 가득한, 참된　　(명) 사실, 과실

实은 어떤 글자의 간체자일까요? 아랫부분 头는 頭의 간체자죠. 그러나 頭와는 전혀 관련이 없습니다.
實(열매 실)의 간체자가 实입니다. 그러고 보니 貝가 贝로 바뀌는 간체자

법칙도 어겼군요. 이래저래 말썽꾼입니다.

实际	shíjì 실제(의)		际 ◀際(사이 제)
实践	shíjiàn 실천(하다), 이행(하다)		
实行	shíxíng 실행하다		
实在	shízài 실재하다, 진실된		
实验	shíyàn 실험(하다)		验 ◀驗(증험할 험)

 shì　　　(명) 일, 작업　(동) 종사하다, 행하다

事는 '일, 사고, 업무' 등의 뜻을 나타내는데, 동사보다는 명사로 쓰이는 경우가 많습니다.

事故	shìgù 사고		
事件	shìjiàn 사건, 일		
事务	shìwù 사무		务 ◀務(일 무)
事业	shìyè 사업		业 ◀業(업 업)

提 tí　　　(동) (손에) 들다, 쥐다, 매달다, 끌어올리다, 제시하다

提는 扌(手) 부수에 속하는 글자죠. 따라서 손과 관련된 의미를 갖습니다.

提倡 **tíchàng** 주창하다

提案 **tí'àn** 제안하다

提款 **tíkuǎn** 예금을 찾다

款 kuǎn은 '돈, 금액'이란 뜻을 갖습니다. '예금하다'란 뜻으로는 存款 cúnkuǎn을 씁니다. 存款은 '저금, 예금' 같은 명사로도 쓰이죠.

提问 **tíwèn** 질문(하다)

提前 **tíqián** 앞당기다

提升 **tíshēng** 진급시키다, 등용하다

升 shēng은 '오르다'라는 뜻의 동사죠. 따라서 '손으로 끌어 올린다' 즉 '발탁해서 등용한다'는 뜻이 됩니다.

完 **wán**

(형) 완전한

(동) 다하다, 끝나다, 완성하다, 죽다

完美 **wánměi** 매우 훌륭한

우리는 쓰지 않지만 중국에서는 자주 쓰는 표현입니다. 완벽한 아름다움이라고나 할까요.

完成 **wánchéng** 완성하다, 완수하다

完整 **wánzhěng** 온전한, 완전한

消 xiāo　　(동) 사라지다, 제거하다　(명) 소식

경제의 핵심은 消费입니다. 수요자가 없으면 산업 자체가 성립할 수 없으니까요.

消费 xiāofèi 소비(하다)
消化 xiāohuà 소화하다
消灭 xiāomiè 소멸하다, 없어지다, 없애다

灭는 滅(멸할 멸)의 간체자입니다. 불(火)을 위(一)에서 막으니 다 사라지겠죠. 뜻은 '불이 꺼지다, 멸망하다, 없애다'.

消极 xiāojí 소극적인, 부정적인　　　　　　极 ◀極(다할 극)

极 jí　　(명) 극도, 절정　(동) 절정에 이르다　(부) 아주

극단적이라는 의미로 쓰이는 표현이죠. 기억해야 할 표현이 极了 jile 입니다. 보어 역할을 하는데 형용사나 동사 뒤에 쓰여 정도가 심함을 나타냅니다.

有意思极了。 아주 재미있다.
忙极了。 몹시 바쁘다.

또 极其 jíqí(지극히, 매우) 같은 표현도 자주 쓰입니다.

效 xiào　　(명) 효과, 성과　(동) 전력하다

效는 대부분 명사적 용법으로 쓰입니다.

效果 xiàoguǒ　효과
效率 xiàolǜ　효율, 능률

물론 동사적 용법도 있지요.

效命 xiàomìng　목숨을 바치다

形 xíng　　(명) 모양, 실체　(동) 나타내다, 비교하다

'모양, 모양을 나타낸다'는 뜻을 갖습니다.

形成 xíngchéng　형성하다, 이루다
形容 xíngróng　묘사하다, 형상
形势 xíngshì　형세, 정세　　　　　　　　　势 ◀势(기세 세)
形象 xíngxiàng　형상, 이미지

이때의 형상은 더 구체적인 이미지를 뜻합니다.

行 xíng

(동) 걷다, 기다, 보내다, 유통하다, 실행하다
(명) 여행

行李 xíngli 수화물, 짐

打行李 짐을 꾸리다.

李 lǐ는 본래 자두나무를 뜻하는데 왜 이 표현이 수화물을 뜻하게 되었는지 자못 궁금합니다. 옛날 중국 여행객들은 먼길을 떠날 때 자두를 챙겨갔나?

行人 xíngrén 행인, 나그네
行政 xíngzhèng 행정
行动 xíngdòng 걷다, 움직이다, 행동하다　　　　动◀動(움직일 동)

우리말 행동과는 약간 다르군요.

修 xiū

(동) 꾸미다, 수리하다, (글을) 쓰다, 수행하다, 건설하다

修改 xiūgǎi 고치다, 수정하다
修理 xiūlǐ 수리하다, 수선하다 = 修缮 xiūshàn 수리하다

用　yòng

用은 조동사 용법으로 자주 쓰이므로 잘 기억해 두어야 합니다.

不用再说了，已经明白了。 이미 알고 있으니 다시 말할 필요없다.

用不着大家的同意。 모든 사람의 동의는 필요없다.

위 문장에서는 用不着 yòngbuzháo가 '필요치 않다'는
의미로 쓰였습니다.

用处 yòngchu 용도, 쓸모　　处 ◀ 處(곳 처)

用功 yònggōng 열심히 공부하다

用力 yònglì 힘을 내다, 노력하다

用心 yòngxīn 심혈을 기울이다, 마음을 집중하다

힘을 쓰나 마음을 쓰나 노력하기는 마찬가지입니다.

运　yùn

运은 運(돌 운)의 간체자입니다. 복잡한 부분을 줄이고 같은 음의 간단
한 글자(云)로 대치시킨 전형적인 간체자군요.

运动 yùndòng 운동하다, 운동

같은 글자가 연이어서 쓰인데다 두 글자 모두 간체자여서 헷갈리는 표
현이죠. 그렇지만 자주 쓰이는 단어니까 꼭 기억해두시죠.

运动场 yùndòngchǎng 운동장　　　　　　　　场◀場(마당 장)

运动员 yùndòngyuán 선수

奥林匹克运动会 Àolínpǐkè Yùndònghuì 올림픽 대회

2008년 올림픽은 北京에서 열리니까 꼭 알아두어야 할 표현이네요.

运输 yùnshū 운송하다, 운송　　输◀輸(실어낼 수)

运用 yùnyòng 운용(하다), 활용(하다)

展 zhǎn

(동) 펼치다, 전개하다, 연기하다, 전시하다

(명) 전시

우리는 '전시하다' 라는 의미로 展示 zhǎnshì를 쓰지만, 중국어로 이 말은 '분명히 드러내 보이다' 라는 뜻입니다. 중국어로 '전시하다' 는 다른 표현을 씁니다.

展览 zhǎnlǎn 전시(하다)　　　　　　　　览◀覽(볼 람)

가장 많이 쓰는 표현입니다. 전시관은 展览馆 zhǎnlǎnguǎn이라 하고요.

展出 zhǎnchū 전시하다, 진열하다

展开 zhǎnkāi 펴다, 펼치다, 전개하다　　　　开◀開(열 개)

职 zhí

(명) 직무, 직책　(동) 관장하다

194

职는 職(직분 직)의 간체자입니다. 오른쪽 복잡한 부분이 들어가는 글자
는 이 외에도 識(알 식), 織(짤 직)이 있는데, 이들 또한 识 shí와 织 zhī로
바뀝니다.

识 shí 알다, 식별하다   识◀識(알 식)

织 zhī 짜다, 엮다   织◀織(짤 직)

职는 '직업, 직책' 등의 뜻에 주로 쓰입니다.

职工 zhígōng 직원, 근로자

职业 zhíyè 직업   业◀業(일 업)

职员 zhíyuán 직원, 사무원

制 zhì

(동) 제도하다, 제정하다, 제지하다   (명) 제도

制는 두 가지 의미를 가지고 있습니다. 하나는 製(지을 제)의 간체자로
쓰이는 경우로 '만들다, 제도하다' 란 의미입니다.
다른 하나는 본래 글자로 쓰인 경우로 '제정하다, 제도' 등의 의미를 갖
습니다. 그러니까 制는 간체자이기도 하고 번체자이기도 한 셈이죠.

制裁 zhìcái 제재(하다)

制订 zhìdìng 제정하다, 계획을 세우다   订◀訂(바로잡을 정)

制定 zhìdìng 제정하다

制度 zhìdù 제도, 규정

다음은 制가 간체자로 쓰인 경우죠.

制品 zhìpǐn 제품
制造 zhìzào 제도하다, 조성하다

<table>
<tr><td>专
zhuān</td><td>(형) 전문적인, 특별　(부) 전문적으로
(동) 독점하다, 전념하다</td></tr>
</table>

专은 專(오로지 전)의 간체자입니다. 알아보기 힘들 만큼 바뀌었는데, 專
이 포함된 다른 글자들도 함께 살펴보겠습니다.

传 chuán 전하다, 전파하다　　　　　　　传 ◀傳(전할 전)
传播 chuánbō 전파하다
传统 chuántǒng 전통

转 zhuǎn 바뀌다, 바꾸다, 전하다　　转 ◀轉(구를 전)
转播 zhuǎn bō 중계방송

转은 성조가 zhuàn으로 바뀌면 '회전하다, 돌다' 란
의미를 갖습니다.

转变 zhuǎnbiàn 전환하다
转告 zhuǎngào 전언하다, 전달하다
转让 zhuǎnràng 양도하다, (권리 등을) 넘겨주다　　让 ◀讓(사양할 양)
转眼 zhuǎnyǎn 눈을 돌리다, 눈 깜짝할 사이
转向 zhuǎnxiàng 방향을 잃다

196

이제 익숙해지셨나요? 그럼 원래 专으로 돌아가겠습니다.

专家 zhuānjiā 전문가

우리식으로 专门家 zhuānménmjiā라고도 하지만 위 표현이 얼반적입니다.

专心 zhuānxīn 몰두하다, 전념하다
专利 zhuānlì 특허

이익을 독점하는 것, 그것이 특허군요.

专业 zhuānyè 전공

음, 우리말과 느낌이 다르네요. 중국에서는 전업주부란 말 쓰면 안 되겠군요.

准 zhǔn

(동) 허락하다, 의거하다 (명) 표준, 기준
(형) 정확한   (부) 반드시

准도 번체자이면서 간체자인 글자입니다.
'표준, 기준'의 의미는 본래 準(법도 준)이거든요. 이 글자를 줄여서 准으로 씁니다. 또 형용사, 부사적 용법도 모두 간체자로 쓰이는 것이죠.

准备 zhǔnbèi 준비하다, ~하려고 한다   备 ◀ 備(갖출 비)
准确 zhǔnquè 확실한, 틀림없는

确 què는 確(확실할 확)의 간체자죠. 뜻은 확실한, 진실한, 굳은.

准时 zhǔnshí 정각, 정시
准是 zhǔnshì 반드시, 꼭

组 zǔ　　　　(동) 조직하다, 구성하다　(명) 조, 그룹

组는 組의 간체자죠. '조직하다, 조직' 같은 의미로 쓰입니다.

组织 zǔzhī　조직(하다), 구성(하다)　　　　　　　　　织 ◀纖(짤 직)

组合 zǔhé　조합하다, 조합

做 zuò　　　　(동) 제조하다, 만들다, (글을) 짓다, 일하다

做는 '만들다' 란 뜻 외에도 여러 가지 의미를 담고 있는 글자인데, 명사로는 쓰지 않습니다.

본래 做(지을 주)는 作(만들 작)의 속자입니다. 한마디로 같은 글자란 얘기죠. 그래서 뜻도 유사합니다. 그런 까닭에 우리나라에서는 주로 作을 쓰고 做는 특별한 경우가 아니면 쓰지 않습니다. 반면에 중국에서는 做와 作, 모두 흔히 쓰는 표현입니다. 게다가 중국어 발음도 같답니다.

做法 zuòfǎ　(만드는) 법, 방법

做客 zuòkè　손님이 되다

做梦 zuòmèng　꿈을 꾸다, 공상하다

梦은 夢(꿈 몽)의 간체자인데 오히려 더 복잡한 느낌이네요.

作 zuò

(동) 일어나다, 창작하다 **(명)** 작품

做가 동사로만 쓰이니까 명사적 의미로는 作가 쓰이는 것이 당연!

作家 **zuòjiā** 작가
作品 **zuòpǐn** 작품
作文 **zuòwén** 작문(하다)
作业 **zuòyè** 숙제, 과제, 작업, 작업하다

우리말보다 그 의미가 훨씬 다양합니다.

作用 **zuòyòng** 작용(하다)
作为 **zuòwéi** (명) 행위　　　　　　　　　　　为 ◀爲(할 위)
　　　　　　　　　　(동) ～로 삼다, ～로 간주하다, ～의 자격으로
作者 **zuòzhě** 작가, 필자

23

감정을 드러냅시다

이제 중국어 어휘 공부의 마지막 단계에 들어서고 있습니다. 인간의 미묘한
감정을 나타낼 수 있다면 언어를 완전히 이해했다고 할 수 있을 테니까요.

爱 ài

(동) 사랑하다, 좋아하다, 아끼다 (조) ~하기 쉽다

감정 중에 가장 소중한 것은 역시 사랑이겠죠. 예로부터 중국어 한다고
잘난 체 할 때 한 마디 하는 게 바로 我爱你。wǒ ài nǐ. (나는 너를 사랑한다)
일 정도니까요.

爱는 앞서도 여러 번 나왔지만 愛(사랑 애)
의 간체자입니다. 사랑에 우정(友)을 더해
만든 글자지요.

爱好 àihǎo 멋내다, 좋아하다
　　　 àihào 애호하다, 취미
성조에 따라 단어의 뜻이 달라졌군요.

爱护 àihù 애호하다, 아끼다
이 단어도 뜻은 爱好와 비슷하군요. 护
hù는 護(보호할 호)의 간체자로 '보호하다,
지키다'란 뜻을 갖습니다. 근데 이상하군요. 言은 간체자에서 늘 讠로

변하는데, 이번에는 예외군요. 말로 보호하는 것보다 손을 써서 행동으로 하는 게 진정한 보호인 셈인가요?

护 hù 보호하다, 지키다, 감싸주다
护照 hùzhào 여권
护士 hùshì 간호사

보호해 주는 분이 바로 간호사군요. 나이팅게일이 생각납니다.

爱人 àirén 배우자(남편 또는 아내)

우리말과는 사뭇 다르네요. 중국 본토에서는 결혼한 상대방을 이렇게 부르지만, 대만에서는 우리말과 같이 '애인'을 뜻하니 잘못하면 오해하겠군요. 여기에 儿을 붙여 爱人儿 àirenr을 만들면 '멋진, 훌륭한'이란 형용사로도 쓰이지요.

安 ān
(형) 편안한 (동) 진정시키다, 설치하다
(명) 안전, 안부

安은 '편안하다'란 뜻 외에 다양한 뜻을 가지고 있습니다.

安定 āndìng 안정된, 안정시키다
安静 ānjìng 조용한, 고요한, 평온한
安排 ānpái (안배)하다, (배치)하다, (처리)하다

우리말에서는 '시간'에 관련된 말에만 국한해 쓰지만, 중국어에서는 훨씬 다양한 의미를 가지고 있군요.

安慰 ānwèi 마음이 편한, 위로하다, 위안

우리말에서는 거의 쓰지 않는 표현입니다만, 중국어에서는 남을 비롯해 자신을 위로할 때도 이 단어를 씁니다.

一路平安 yīlùpíng'ān 무사히 길을 가다

장거리 여행을 하는 사람을 배웅할 때 쓰는 관용어입니다.

好 hǎo — (형) 좋은, 훌륭한, 능숙한, 친근한, 사이좋은, 건강한, ~하기 쉬운 (부) 매우, 과연, 안녕히

好는 중국어에서 가장 흔한 표현 가운데 하나입니다. 형용사로는 좋은 뜻은 모두 나타낼 만큼 다양하게 사용됩니다.

부사로도 자주 쓰이는데, 수량이나 시간을 나타내는 말 앞에 쓰여 많거나 오래되었음을 나타냅니다. 이렇게 말이죠.

好几个 hǎojǐge 여러 개

好久没见。 오랫동안 뵙지 못했습니다.

또 형용사나 동사 앞에 쓰여 심한 정도를 나타내기도 합니다.

好漂亮。 아주 아름답다.

好吃 hǎochī 맛있는 　　　　　　　　吃◀喫(마실 끽)

好处 hǎochu 장점, 좋은 점, 이익 　　　　处◀處(곳 처)

hāochǔ로 성조가 바뀌면 '함께 잘 지내다'란 형용사가 되지요.

好多 hǎoduō 대단히 많다.

부사적 용법이군요.

好好儿 hǎohāor 좋은, 괜찮은, 훌륭한, 잘, 충분히, 아주
성조에 주의하십시오. 같은 글자인데도 두 번째 성조는 첫 번째와 다르거든요. 형용사와 부사적 의미가 포함되어 있군요.

好看 hǎokàn 아름다운, 근사한, 보기 좋은
看이 본다는 뜻이니까 말 그대로 보기 좋다는 의미군요.

好容易 hǎoróngyì 겨우, 간신히
好不容易 hǎobùróngyi (겨우, 간신히)도 같은 뜻이라면 믿어지세요? 그렇지만 믿으셔야 합니다. 好不 hǎobù는 '매우, 아주'란 뜻의 부사로 쓰이니까요.

好听 hǎotīng 듣기 좋은
听은 聽(들을 청)의 간체자죠. 그러니 뜻은 당연히 '듣기 좋은'.

好玩(儿) hǎowán(r) 재미있는
玩儿 wánr이 '놀다, 장난치다'란 뜻이거든요. 놀기 좋으니까 재미있는

것이겠죠.

玩(가지고 놀 완)은 완구玩具 wánjù라는 단어에 쓰는 글자입니다.

> 好像 hǎoxiàng 마치 ~와 같다, 비슷하다
> 好些 hǎoxiē 많은

些 xiē는 '몇, 얼마간' 이란 뜻을 나타내는 양사입니다. 그래서 些个 xiēge하면 '몇 개, 약간' 을 뜻하죠.

坏 huài　　(형) 나쁜, 악한　　(동) 고장나다, 썩다

坏는 壞(무너질 괴)의 간체자입니다. 한자음은 '괴' 인데 발음이 많이 바뀌었군요.

> 好坏 hǎohuài 좋고 나쁨, 잘잘못
> 坏处 huàichu 결점, 단점
> 坏话 huàihuà 욕, 험담

물건이 망가지거나, 과일이 썩었을 때도 이 단어를 씁니다.

欢 huān　　(형) 즐거운, 기쁜

欢은 歡(기뻐할 환)의 간체자입니다. 왼쪽 부분이 축약되었군요.

欢送 huānsòng 환송하다

欢迎 huānyíng 환영(하다)

喜欢 xǐhuan 좋아하다, 사랑하다, 즐거워하다

欢喜로 글자 순서를 바꾸면 '기쁜, 즐거운' 같은 형용사로 쓰이기도 하죠. 물론 동사로도 쓰이고요.

하나 더!

欢과 같은 방식으로 축약되는 간체자 가운데 观 guān이 있습니다. 觀 (볼 관)이 변한 것이죠. 왼쪽 부분이 똑같이 변했군요. 뜻은 '보다, 구경하다, 모습, 경치'.

观察 guānchá 관찰하다

观点 guāndiǎn 관점, 입장

观众 guānzhòng 관중　　　　　　　众 ◀衆(무리 중)

坚 jiān

(형) 단단한, 견고한, 굳센, 확고한　(부) 굳게

坚은 堅(굳을 견)의 간체자입니다. 굳세고 단단한 성미 또는 상태를 나타내지요.

坚持 jiānchí (주장 따위를) 견지하다, 고수하다

坚定 jiāndìng 확고한, 굳히다

坚固 jiāngù 견고한, 튼튼한

坚决 jiānjué 단호한, 결연한

坚强 jiānqiáng 굳센, 꿋꿋한, 강경한

모든 표현이 비슷한 뜻을 갖고 있군요.

叫 jiào
(동) 외치다, 소리 지르다, 울다, 부르다,
~하게 하다 (개) ~에 의하여

叫는 '외친다'는 뜻의 글자인데, 개사로도 자주 쓰입니다.

叫好 jiàohǎo 갈채를 보내다
叫做 jiàozuò ~라고 부르다
我的名字叫孙悟空。 내 이름은 손오공이야.

精 jīng
(형) 순수한, 훌륭한, 우수한, 정밀한
(명) 정신, 정력

精은 '정수, 본질' 같은 의미를 갖는 글자입니다. 그래서 '정통한, 순수한, 훌륭한' 같은 좋은 뜻으로 쓰이는 게 보통이죠.

精彩 jīngcǎi 뛰어난, 훌륭한
精神 jīngshén 정신
jīngshen으로 성조가 바뀌면 '원기, 활력, 활기찬' 같은 의미를 갖게 됩니다.

觉 jué
(명) 감각, 느낌 (동) 느끼다, 깨어나다

觉는 覺(깨달을 각)의 간체자.

觉得 juéde ~라고 느끼다, ~라고 여기다
觉悟 juéwù 깨닫다, 자각하다, 인식하다, 의식

우리말 각오와는 약간 다르죠. 오히려 우리말 '각성, 자각'과 비슷한
표현입니다.

美 měi (형) 아름다운, 예쁜, 훌륭한, 좋은

美 또한 好와 마찬가지로 좋은 뜻으로 쓰이는
표현이군요.

美好 měihǎo 좋은, 훌륭한
美丽 měilì 미려한, 아름다운

丽는 麗(고울 려)의 간체자입니다. 이렛도리가
허전하군요.

美术 měishù 미술　　　　术◀術(꾀 술)
美元 měiyuán 미 달러화

美金 měijīn이라고도 씁니다.

批 pī (동) 배제하다, 비판하다, 나누다
(양) (물건의) 한 무더기, 일군(一群)

批는 동사 외에 수량을 나타내는 양사로도 쓰입니다. 이렇게 말이지요.

一大批军火 yī dà pī jūn huǒ 많은 무기

火가 무기라는 뜻으로도 쓰이는군요. 批의 주요 의미는 비판한다는 뜻이죠.

批判 pīpàn 비판(하다)
批评 pīpíng 비평하다, 꾸짖다, 비판　　　　　　　　评◂評(평할 평)
批准 pīzhǔn 비준하다, 허가하다
批发 pīfā 도매(하다)　　　　　　　　　　　　　发◂發(쏠 발)

무더기로 보내니 도매금으로 장사한다는 뜻이군요.

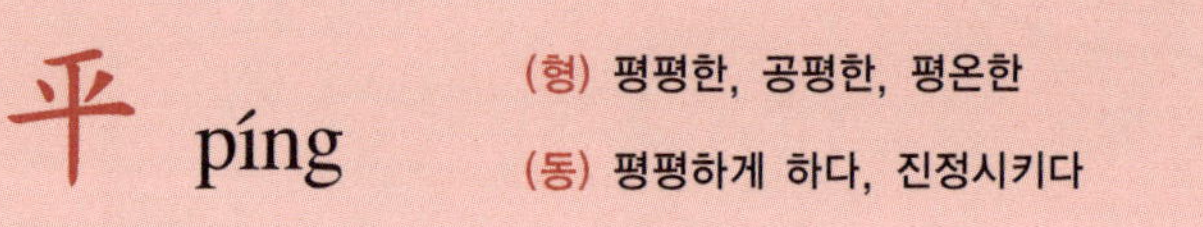

사성 가운데 平声 píngshēng이 있는데, 그 뜻만큼 부드러운 느낌의 성조를 말합니다. 지금의 제1성과 제2성이 平声에 속합니다. 그 외에도 평탄하고 평온한 느낌을 주는 다양한 뜻을 갖습니다.

平安 píng'ān 평안한, 무사한
平常 píngcháng 평소, 평범한
平等 píngděng 평등(한)
平静 píngjìng 평온한, 조용한, 차부한
平均 píngjūn 평균하다, 고르게 하다, 평균적인
平时 píngshí 평소

情 qíng　　(명) 감정, 호의, 은혜, 애정, 상황　(부) 명백히

情은 우리가 나타내고자 하는 감정 대부분을 나타내고 있군요.

情急　qíngjí　마음이 조급한, 발끈하다
情绪　qíngxù　정서, 기분, 사기　　　　　　　绪 ◀緖(실마리 서)
情意　qíngyì　정, 감정, 호의, 애정
情况　qíngkuàng　상황, 형편　　　　　　　况 ◀況(하물며 황)
情形　qíngxing　일의 상황, 정황, 형편

认 rèn　　(동) 분간하다, 식별하다, 인정하다, 승인하다, 중시하다, 단념하다

认은 認(인식할 인)의 간체자입니다.
忍 대신 음이 같은 人으로 대치시켰군요.

认得　rènde　알다
认识　rènshi　알다, 인식하다　　　　　　　识 ◀識(알 식)
认为　rènwéi　~으로 여기다, 생각하다, 생각　　为 ◀爲(할 위)
认真　rènzhēn　진담으로 받아들이다, 진지한, 정말로

伤 shāng

(명) 상처

(동) 상하다, 다치다, 슬퍼하다, 방해하다

伤은 傷(상처 상)의 간체자죠. 힘을 받으면 다치니까 力(힘 력)을 이용해 만들었나 보군요.

伤口(儿) shāngkǒu(r) 상처

伤心 shāngxīn 상심하다, 슬퍼하다

痛 tòng

(형) 아픈 (동) 슬퍼하다, 증오하다 (부) 심하게

우리말에서는 '아프다' 라는 뜻으로 쓰이는 데 비해 중국어에서는 더 다양한 의미를 갖는군요.

痛处 tòngchù = 坏处 huàichu 결점, 단점

痛苦 tòngkǔ 고통, 아픔, 고통스러운

痛心 tòngxīn 상심하다

痛快 tòngkuai 통쾌한, 즐거운, 시원스러운, 솔직한, 마음껏 놀다

危 **wēi**

(명) 위험, 위태　(형) 위험한, 위독한

(동) 위태롭게 하다

危害　wēihài　(해)를 끼치다, 해치다

危机　wēijī　위기　　　　　　　机 ◀機(틀 기)

危险　wēixiǎn　험한, 위험　　　险 ◀險(험할 험)

想 **xiǎng**

(동) 생각하다, 추측하다, 예상하다,

그리워하다, 걱정하다, 생각나다

想은 相(서로 상)+心(마음 심)으로 이루어진 글자입니다. 서로의 마음이 통했으니 생각하고 그리워하게 되는 거죠.

想念　xiǎngniàn　그리워하다

想法　xiǎngfǎ　(방법을) 생각하다

성조가 xiǎngfa로 바뀌면 '생각, 의견'이라는 의미를 갖습니다.

想来　xiǎnglái　생각해보니 아마도

想望　xiǎngwàng　희망(하다)

想像　xiǎngxiàng　상상(하다)

信 xìn

(형) 확실한, 진실한, 성실한

(동) 믿다, 신임하다　(명) 증거, 편지

信은 믿는다는 뜻을 갖는데, 종교적인 믿음까지 포함합니다. 명사로는 '증거, 편지'를 뜻하는데, 증거나 편지에는 믿음이 있어야 하기 때문이 겠죠.

信封(儿)　xìnfēng(r)　편지봉투
信任　xìnrèn　신임(하다)
信心　xìnxīn　자신, 확신, 신념
信用卡　xìnyòngkǎ　신용카드
相信　xiāngxìn　믿다, 신임하다

友 yǒu

(명) 친구　(형) 친한, 사이좋은　(동) 사귀다

友好　yǒuhǎo　우호적인, 우호
友谊　yǒuyì　우정, 우의

谊는 誼(옳을 의)의 간체자로 '정의, 우정, 우의'의 뜻을 가리킵니다. 베이 징에 가면 외국인 전용 백화점인 友谊商店이 있죠?

愿 yuàn

(명) 소원, 염원　(동) 바라다, 원하다

心이 들어간 글자는 대부분 감정과 관련된 뜻을 갖죠. 근데 사실 愿은
願(바랄 원)의 간체자입니다. 心을 이용해 축약도 시킬 겸 글자의 의미도
분명히 드러낸 좋은 예군요.
하나 더! 愿(삼갈 원)은 본래 번체자이기도 하답니다. 그러니 번체자를 간
체자로 사용한 경우인 셈이죠. 앞서 가끔 그런 경우가 있었죠.

愿望 yuànwàng 희망, 소망
愿意 yuànyì ~하기를 바라다, 희망하다

祝 zhù　　　　　(동) 빌다, 축원하다, 축하하다

우리도 자주 쓰는 표현인데, 우리말에 비해 그 의미가 좀더 다양합니
다. 기원한다는 의미까지 포함하고 있으니까요.

祝福 zhùfú 축복(하다)
祝贺 zhùhè 축하(하다)
祝酒 zhùjiǔ 축배를 들다

2
장
반의어

可-不

반대되는 두 표현을 알아두는 것은 언어생활에 있어 기본이죠. 이번에는 그런 표현들을 알아볼 텐데요, 특히 기본 글자와 표현들이 나오니까 정신 잃지 마시기 바랍니다. 게다가 기본 글자들은 대부분 다양한 의미를 가지고 있지요. 시작해볼까요?

可 kě	**(동)** 동의를 나타냄, 허가 또는 가능 **(형)** 좋은, ~할 만하다　**(부)** ~하지만, 대략 **(동)** 적합하다

可는 다양한 의미의 동사로 쓰입니다. '그렇다'는 동의의 표현. '해도 좋다'는 허가 또는 가능, '~할 만하다' 외에 강조의 의미로도 쓰입니다. 그 외에 형용사, 부사의 용법도 가지고 있지요.

可爱 kě'ài　사랑스러운, 귀여운

이때의 可는 '~할 만하다'란 의미로 쓰였습니다.

可靠 kěkào　믿음직하다, 믿을 만하다

같은 의미로 쓰였군요. 靠 kào라는 글자는 처음 보시는 분이 많을 텐데요, 우리는 거의 쓰지 않습니다. 그러나 중국어에서는 필수글자죠. 동사로 쓰이며, 뜻은 '기대다, 의지하다, 믿다'.
글자는 告+非로 이루어져 있지만 뜻은 그것과 전혀 다르네요.

可怜 kělián 가련한, 불쌍한

怜은 憐(불쌍히 여길 련)의 간체자로 '불쌍히 여기다, 동정하다' 란 의미를 갖습니다.

可怕 kěpà 두려운, 무서운

怕는 '무서워하다, 근신하다' 란 뜻을 갖습니다.

可能 kěnéng 가능하다, ~할 수 있다, 아마

他可能不知道今天开会。 그는 아마 오늘 회의를 모르고 있을 것이다.
위 문장에서 可能은 부사로 쓰였군요. 이 외에 조동사로도 자주 쓰입니다.

可是 kěshì 그러나, ~이지만, 그런데

음! 이 표현은 역접과 순접의 기능을 모두 하는군요.

可以 kěyǐ ~할 수 있다, ~해도 좋다

你可以走了。 넌 가도 좋다.
영어 can과 may의 뜻을 모두 갖고 있군요.

不는 뜻이 간단하다구요? 사전을 보면 不의 용법이 꽤 길게 나와 있습니다. 그렇지만 용법을 설명하기 곤란해서 단 한마디로 기록했습니다. 부정! 세부적인 표현은 하나씩 살펴보면 될 테니까요.

不必 bùbì ~하지 말라, ~할 필요 없다

你不必去。 넌 갈 필요 없어.

품사는 부사인데 뜻은 조동사 같군요. 영어의 must나 need not처럼 말이에요.

不错 bùcuò 맞는, 틀림없는

不大 bùdà 그다지 ~하지 않다

不大好。 그다지 좋지 않다.

不但 bùdàn ~뿐만 아니라

不得 bùdé ~해서는 안 된다

동사 뒤에 붙어서 '~해서는 안 된다, ~할 수 없다'고 할 때는 bùdé로 성조가 바뀝니다. 또 不得不 bùdébù라고 하면 '~하지 않을 수 없다'가 되죠. 부정의 부정은 긍정이니까요.

我不得不同意了。 나는 동의하지 않을 수 없었다.

不得了 bùdéliǎo라고 쓰면 뜻이 많이 바뀝니다. '큰일났다'라는 뜻이 되죠.

이때 조심해야 할 것이 了 liǎo의 발음인데요. 了는 대부분 조사로 쓰여 le로 발음했습니다. 그런데 이번에는 瞭(밝을 료)의 간체자로 쓰였습니다. 그러니 발음이 바뀌는 것이 당연하겠죠.

不敢当 bùgǎndāng 감당하기 어렵다, 천만의 말씀입니다

不管 bùguǎn ～을 막론하고

不过 bùguò ～에 불과하다, 그런데, 그러나　　　　过◀過(지날 과)

不好意思 bùhǎoyìsi 부끄럽다, 쑥스럽다

不仅 bùjǐn ～뿐만 아니라

仅은 僅(겨우 근)의 간체자로 '겨우, 가까스로, 다만' 같은 뜻을 갖습니다. 그래서 仅仅 jǐnjǐn하면 '단지, 겨우' 라는 뜻이죠.

不久 bùjiǔ 머지않아, 곧

不可 bùkě ～할 수가 없다, ～해서는 안 된다

不客气 bùkèqi 무례한, 사양하지 않다, 천만에요

不快 bùkuài 불쾌한, 느린

不论 bùlùn ～을 막론하고　　　　论◀論(말할 론)

不怕 bùpà 무섭지 않다, 설사 ～일지라도

可怕(217쪽)와 대비해서 기억해 두시죠.

不然 bùrán 그렇지 않다, 그렇지 않으면

不如 bùrú ～만 못하다, ～하는 편이 낫다

不是 bùshì ～이 아니다

不是에 味가 붙어 不是味儿 bùshìwèir가 되면 '맛이 없다' 란 뜻입니다. 그리고 성조가 bùshi로 바뀌면 명사로 '잘못' 이라는 뜻이 됩니다.

不要 bùyào ～하지 말라, 필요 없다

不要紧 bùyàojǐn이라고 쓰면 '괜찮다, 문제없다' 란 뜻이 됩니다.

不用 bùyòng ～할 필요가 없다

不用客气。 사양하지 마세요.

앞서 배운 不客气와 뜻이 너무 다르네요.
그럼 不用说 bùyòngshuō는 무슨 뜻일까요? 글자 뜻대로 '말할 필요 없다, 말할 나위 없다.'

不住 bùzhù 쉬지 않다, 그치지 않다

住 zhù는 '살다, 머물다'라는 뜻이죠. 그러니까 머물지 않는다, 곧 쉬지 않는다는 의미를 갖는군요.
그럼 住院 zhùyuàn은 무슨 뜻? 이때 院은 병원을 가리킵니다. 그래서 '입원하다'.

지금까지 살펴본 不의 용법은 실제 不의 쓰임새에 비해 극히 일부에 불과합니다. 그만큼 不의 용법은 다양하고 많습니다. 不가 포함된 표현을 접할 때마다 사전을 펼치는 것, 이야말로 중국어 정복의 지름길이 되겠죠.

主/从, 客, 本, 副

主 zhǔ

(명) 주인　**(형)** 중요한, 주관적인　**(동)** 주장하다

主人 zhǔrén　주인

회의를 주관하는 인물은 主持人 zhǔchírén이라고 합니다. 그러니 主持 zhǔchí는 당연히 '주관하다, 주최하다'.

主任 zhǔrèn은 '주임'을 뜻하죠. 크지 않은 조직의 장이라고나 할까요.

主席 zhǔxí는 위원회 등의 '의장, 위원장'처럼 더 높은 지위의 인물을 가리킵니다.

主动 zhǔdòng　능동적인, 적극적인, 주동　　动◀動(움직일 동)

主观 zhǔguān　주관적인, 주관　　观◀觀(볼 관)

主权 zhǔquán　주권　　权◀權(권세 권)

主意 zhǔyi　생각, 의견

우리말 '주의를 기울이다'와는 다른 글자입니다.

主要 zhǔyào　주요한, 주로

主义 zhǔyì 주의, 사상

义 ◀義(옳을 의)

从 cóng

(동) 좇다, 따르다　(명) 수행원, 부차적인 것

從(따를 종)의 간체자인 从은 다양한 뜻과 기능을 가진 글자입니다. 개사로 자주 쓰이며 '지금까지' 라는 부사의 의미도 있죠. 또한 '그래서' 라는 접속사로도 쓰인답니다.

여기서는 우선 主에 반대되는 개념부터 알아보겠습니다.

服从 fùcóng 복종(하다)
从事 cóngshì 종사하다, 일을 하다
从业员 cóngyèyuán 종업원

그런데 从은 앞서 살펴보았듯이 개사로 자주 사용됩니다. 이때 从은 从을 기점으로 '~부터' 라는 의미를 갖습니다.

从此 cóngcǐ = 从今 cóngjīn 이제부터, 여기부터
从前 cóngqián 종전에, 이전에
从来 cónglái 지금까지, 여태껏
从而 cóngér 따라서, 그리하여
从头 cóngtóu 처음부터

头 ◀頭(머리 두)

从이 시간의 경과와 관련된 의미를 갖는다는 사실을 아시겠죠?

客 **kè**   (명) 손님, 고객   (형) 객관적인

主가 주인을 뜻한다면 客는 손님을 뜻합니다.

客人 kèrén 손님 = 宾客 bīnkè 빈객, 내빈

客气 kèqi 예의바른, 정중한, 사양하다

앞서 不用客气가 왜 '사양하지 마십시오' 라는 표현이 되었는지 이제 알겠습니다.

副 **fù**   (형) 부수적인   (명) 보조 인력   (동) 부합하다

副는 '부–' 라는 의미로 많이 쓰이죠. 그래서 원본 옆에는 副本 fùběn(부본, 사본), 주석 옆에는 副主席 fùzhǔxí, 주식 옆에는 副食 fùshí가 있죠.

本 **běn**   (명) 줄기, 근원, 바탕   (부) 원래
(형) 중요한, 기본적인

本은 우리말에서도 '기본, 근본' 의 뜻을 나타내는데 중국어에서도 마찬가지입니다.

本来 běnlái 원래, 본래

本领 běnlǐng 수완, 재능, 솜씨 = 本事 běnshì 재능, 능력

우리말 '본령'과는 뜻이 전혀 다릅니다. 조심하십시오.

你可真有本事！ 너 정말 대단하구나.

本质 běnzhì 본질, 본성　　　　　　　　　　　　　质 ◀質(바탕 질)
本子 běnzi 책, 노트, 수첩

'책'이란 뜻으로는 書의 간체자 书 shū가 자주 쓰입니다.

224

03

开/闭

开 **kāi** (동) 열다, 개척하다, 따다, 출동하다, 시작하다

开가 開(열 개)의 간체자인 걸 모르는 분 안 계시죠? 문이 없어졌으니 뭘 열어야 할지 모르겠습니다만 뜻은 변치 않았습니다.

开办 kāibàn 설립하다, 개최하다   办◀辦(힘쓸 판)
开发 kāifā 개발하다
开放 kāifàng (꽃이) 피다, 문호를 개방하다, 공개하다
开工 kāigōng (공장이) 가동되다, 조업하다
开会 kāihuì 회의를 개최하다
开课 kāikè 개강하다   课◀課(매길 과)
开演 kāiyǎn 공연을 시작하다

무엇이든 뒤에 붙이면 다 '시작하다, 열다'란 뜻이 되는군요.

开辟 kāipì 창립하다, 개척하다

辟는 闢(열 벽)의 간체자로 '개척하다, 개간하다' 란 뜻을 갖습니다.

开玩笑 **kāiwánxiào** 농담하다

갑자기 전혀 다른 뜻이 나타났네요. 그러나 玩笑 wánxiào가 '농담, 농담하다' 란 뜻이니까 그런 뜻이 나온 것이죠.

开支 **kāizhī** 지출하다, 지불하다

闭 **bì**　　　　　　(동) 닫다, 막히다

开는 간체자로 바뀌면서 문이 사라졌는데, 閉(닫을 폐)는 간체자가 되면서 문의 모습만 바꿨네요. 闭로 말이죠.

闭会 **bìhuì** 폐회(하다)
闭气 **bìqì** 숨이 막히다

内/外

内 nèi　　(명) 안, 내부, 국내

内는 온갖 종류의 내부를 가리키는 글자입니다. 물체의 안, 속에서부터 사람의 내장, 국내 등이 두루 포함되지요.

内存 nèicún　메모리
内部 nèibù　내부
内行 nèiháng　숙련된, 노련한, 전문가
内科 nèikē　내과
内容 nèiróng　내용

外 wài　　(명) 밖, 겉, 외국　(형) 소원한, 낯선
(부) 따로, ~외에

外는 内의 반대되는 뜻으로, 모든 종류의 외부를 나타내는 표현입니다.

外行 wàiháng 문외한인, 경험이 없는, 문외한
内行이 '전문가' 니까 外行은 당연히 '문외한' 이겠죠.

外边 wàibiān 바깥, 밖, 표면
外汇 wàihuì 외화, 외국환
汇는 匯(물돌 회)와 彙(무리 휘)의 간체자입
니다. 서로 다른 두 글자가 같은 간체자를
쓰는 셈이죠.

外交 wàijiāo 외교
중국에서는 대외 교섭을 담당하는 행정부를 外
交部 wàijiāobù라고 하죠. 우리나라의 외교통상
부라고 할 수 있습니다.

外国 wàiguó 외국
외국 사람은 外国人 wàiguórén, 외국말은 外国语 wàiguóyǔ, 외국어는
外文 wàiwén이라고도 합니다.

先, 前, 后

先 **xiān**　(명) 앞, 선두, 고인, 이전
(동) 앞서가다　(부) 우선

先과 前 qián은 그 뜻과 용법이 흡사합니다. 즉 '앞, 앞서다, 그 이전' 같은 의미는 두 글자에 공통적인 뜻이죠. 그러나 先에는 추상적인 의미도 있어 '고인(돌아가신 분)' 이라는 뜻도 있죠.

先后 xiānhòu　선후, 뒤이어, 계속

先进 xiānjìn　진보적인, 선진적인, 앞선　　　进◂進(나아갈 진)

先生 xiānsheng　선생, 교사, ~씨, 남편

前 **qián**　(명) 앞(장소), 전, 전임　(동) 앞으로 나아가다

前에는 先에는 없는 '전임' 이라는 의미가 있군요.

前校长 qiánxiàozhǎng 전임 교장
前年 qiánnián 재작년

음! 우리말로 전년이라고 하면 작년을 가리키는데, 중국에서는 재작년이군요. 그렇다면 前天 qiántiān은 그저께? 당연합니다.

前面 qiánmiàn 전면, 앞 = 前边 qiánbiān 앞쪽
前进 qiánjìn 전진하다

先进 iānjìn과 느낌이 다르군요. 더 구체적이랄까.

前额 qián'é 이마

后 hòu

(명) 뒤, 후, 다음, 자손　(동) 뒤떨어지다

后는 後(뒤 후)의 간체자이자 약자입니다. 앞서 前天, 前年을 살펴보았지요. 그에 대응하는 后天, 后年이 없을 수 없습니다.

后天 hòutiān 모레
后年 hòunián 내후년

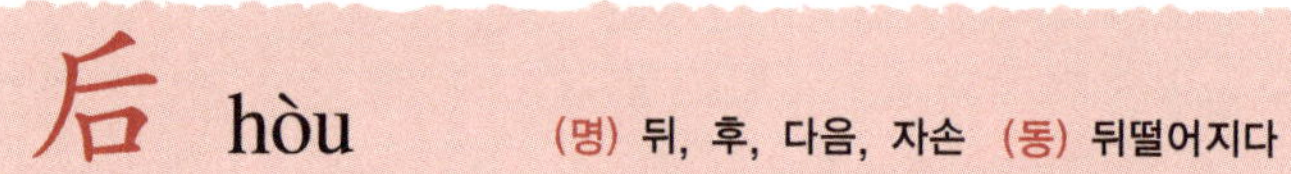

前天	昨天	今天	明天	后天
qiántiān	zuótiān	jīntiān	míngtiān	hòutiān
그저께	어제	오늘	내일	모레

前年	去年	今年	明年	后年
qiánnián	zuónián	jīnnián	míngnián	hòunián
재작년	작년	올해	내년	내후년

后边 hòubiān 뒤쪽, 뒤

이제 익숙한 표현이 되었지요. 后面 hòumiàn도 마찬가지고요.

后来 hòulái 이후, 그 다음에

有/无, 没

有 **yǒu** (동) 소유하다, 있다, 나타나다

有는 다양한 의미로 사용되는 동사입니다. 영어로 말하면 be 동사, have 동사, take, make 등 여러 의미를 갖고 있습니다. 게다가 전혀 동사와는 어울리지 않는 용법도 있으니 헷갈리기도 합니다. 다음 표현들을 볼까요.

有的 **yǒude** 어떤 것, 어떤 사람

园里的花, 有的红, 有的白。 정원의 꽃이 어떤 것은 붉고 어떤 것은 희다.

대명사로 사용되는 표현입니다. 여기에 是가 붙으면 이런 뜻이 됩니다.

有的是 **yǒu de shì** 많이 있다. 흔하다

이와 반대되는 표현을 살펴보면 이렇습니다.

有点(儿) **yǒudian(r)** = 有些 **yǒuxiē** 조금 있다, 약간

그리고 반드시 알아두어야 할 표현이 이것입니다.

没有 méiyǒu 없다, ~않다

没有는 동사 또는 부사로도 쓰이지만 뜻은 '없다, ~않다'처럼 부정을
나타냅니다. 여기서 그 용법을 모두 알아보기는 힘들지만 여하튼 온갖
부정문에 쓰인다는 사실을 기억해둡시다.

有时 yǒushí 때로는, 간혹
= 有时候 yǒushíhou 때로는, 경우에 따라서는

다음에는 동사로 사용된 경우를 살펴볼까요.

有关 yǒuguān 관계가 있다   关 ◀關(빗장 관)
有力 yǒulì 유력한, 힘이 센
有趣 yǒuqù 재미있는, 사랑스러운

兴趣 xìngqù란 표현이 있습니다. '흥미, 재미, 의욕'이라는 뜻을 갖는
단어인데 중국인들이 자주 쓰는 표현입니다.

有理 yǒulǐ 지당하다, 도리에 맞다
有心 yǒuxīn ~할 마음이 있다.
有意思 yǒuyìsi 재미있다, ~할 생각이 있다.

우리식 한자와는 전혀 다른 의미를 품고 있군요. '의사가 있다' 는 표현이 '재미있다' 라니 말이죠.

无 wú　　　　　(동) 없다, ~이 아니다, ~을 막론하고

无는 無(없을 무)의 간체자입니다.

无论 wúlùn ~에도 불구하고　　　　　　　论 ◀論(논할 논)

접속사로 쓰이는 용법입니다.

无数 wúshù 무수한, 매우 많은
无意 wúyì ~할 생각이 없다, 무심결에
= 无心 wúxīn ~할 생각이 없다, ~하고 싶지 않다

没 méi　　　　　(동) 없다　(부) 아직 ~않다, 부정의 뜻

没는 우리말과 달리 중국어에서는 대단히 중요하고도 자주 쓰이는 글자입니다. 특히 앞서 살펴본 没有의 형태,　또는 没 혼자서 부정의 의미를

234

나타냅니다. 즉 부정문을 만드는 데 없어서는 안 되는 중요한 표현이지요.

没错(儿) méicuò(r) 틀림없다, 분명하다
没关系 méiguānxi 괜찮다, 문제없다.

많이 들어본 표현이지요. 그 외에 没什么 méishénme(괜찮다, 별거 아니다), 没事(儿) méishì(r)(한가하다, 괜찮다, 상관없다)도 비슷한 표현입니다.

没意思 méiyìsi = 没有意思 méiyǒuyìsi 재미없는
没用 méiyòng 소용없는, 쓸모없는
没有 méiyǒu 없다, 아직 ~않다

이 표현은 앞서도 살펴보았듯이 다양한 용법을 가지고 있습니다만, 한마디로 말하면 부정의 의미를 나타냅니다. 그리고 没는 没有가 그 뜻의 전부라고 해도 지나친 말이 아닐 만큼 중요하고 다양한 의미를 지니고 있습니다.

07

重/轻, 单/复

重

zhòng (명) 무게 (형) 무거운, 심한, 비싼, 중요한

(동) 중시하다

chóng (동) 중복하다, 겹치다 (부) 다시 (형) 겹겹의

重에는 '무겁다' 라는 뜻만 있는 것은 아닙니다. '중복하다, 겹치다, 거듭' 이라는 뜻으로도 자주 쓰이지요. 이때는 발음이 chóng으로 바뀝니다. 우선 zhòng에 대해 알아봅시다.

重大 zhòngdà 중대한, 매우 큰
重点 zhòngdiǎn 중점, 중요한
重视 zhòngshì 중시하다
重要 zhòngyào 중요한

우리말 뜻과 거의 비슷하네요.
이번에는 chóng을 알아보겠습니다.

重播 chóngbō 재방송(하다)

播 bō는 '파종하다' 란 뜻과 함께 '널리 퍼뜨리다, 전하다' 란 뜻을 갖습니다. 그래서 广播 guǎngbō는 '방송하다' 란 뜻이죠. 그럼 방송국은? 广播电台 guǎngbōdiàntái. 广은 廣(넓을 광)의 간체자죠. (➡ 198쪽)

重叠 chóngdié 겹치다, 중복되다

이 외에 重复 chóngfù도 같은 뜻으로 쓰입니다. 复는 複(겹칠 복)과 復(돌아올 복)의 간체자입니다. 한 간체자로 두 번체자를 끝냈군요.

重新 chóngxīn 다시, 새로
重新再做。 처음부터 다시 하다.

부사적 용법이군요.
做는 앞에서 살펴보았지요. 동사로만 쓰이는 글자입니다. (➡ 207쪽)

轻 qīng　　　　(형) 가벼운, 간편한, 경솔한　(부) 가볍게, 살살

轻은 輕(가벼울 경)의 간체자로 앞서 배운 바 있습니다. (➡ 70쪽)

轻松 qīngsōng 수월한, 가벼운, 홀가분한

중국어에서 조심해야 할 글자가 松 sōng입니다. 본래 뜻은 '소나무 송' 인데, 중국어에서는 전혀 다르게 사용되지요.

松 sōng 소나무, 느슨한, 여유 있는, 가벼운, 늦추다, 풀다

그래서 轻松 같은 표현이 생긴 것입니다.

사실 위의 경우에 '소나무'란 뜻 외에는 鬆(더벅머리 송)의 간체자로 쓰인 것입니다. 기존 글자를 간체자로 활용한 경우죠.

轻微 qīngwēi 경미한

轻重 qīngzhòng 중량, 무게, (일의) 경중

単 dān

(형) 홀의, 하나의, 혼자의, 단독의

(부) 오직, 다만

单은 复 fù의 반대말이고, 또한 重의 반대말이기도 합니다. 复와 重 모두 '중복하다, 다시'란 뜻이 있거든요.

复는 앞서 살펴본 대로 複과 復, 두 글자의 간체자죠. 複과 復의 뜻이 비슷한 까닭에 간체자에서는 단일화한 것입니다. (→ 237쪽)

复 fù 중복하다, 되풀이하다, 돌아오다, 회복하다, 다시, 또

复印 fùyìn 복사하다

복사기는 复印机 fùyìnjī.

复杂 fùzá 복잡한

杂 zá는 雜(섞일 잡)의 간체자로 뜻은 '잡스런, 복잡한, 섞다, 뒤섞이다'.

중국과 북한이 세계 최고 수준을 자랑하는 곡

예(서커스)는 杂技 zájì라고 합니다. 발음에 주의하십시오.

우리는 지금 單(홑 단)의 간체자 单에 대해 배우고 있습니다. 제자리로
돌아가겠습니다.

单程 dānchéng 편도

일방통행길은 单程道路 dānchéngdàolù라고 합니다.

单单 dāndān 오직, 홀로
单调 dāndiào 단조로운   调 ◀调(고를 조)
单身 dānshēn 단신, 독신
单位 dānwèi 단위

이렇게 살펴보니 单의 반대말에는 多 duō도 포함되겠습니다. 당연하
죠. 그런데 多는 앞서 살펴보았지요. 그럼 33쪽으로 돌아가 복습하고
넘어가겠습니다.

08

出/入

出 chū   (동) 나가다, 참가하다, 발행하다, 생산하다

出 chū의 반대말은 당연히 入 rù가 되죠. 그런데 사실 그 뜻을 유심히 살펴보면 入의 반대되는 개념은 고작 '나가다'란 뜻뿐입니다. 그밖에도 다양한 뜻을 가지고 있는데 말이죠. 그러나 出入란 표현이 워낙 자주 쓰이다 보니까 出의 반대말은 入라고 누구나 기억하게 된 것입니다.

> **出版** chūbǎn   출판하다
> **出发** chūfā   출발하다
> **出口** chūkǒu   수출하다, 말을 꺼내다

우리말에서 出口하면 '출입구'를 연상하게 되죠. 물론 중국에서도 그런 뜻이 있긴 한데 드문 예고요. 실제로는 '수출하다, 말을 꺼내다'란 의미로 주로 쓰입니다. 우리말과는 전혀 다른 뜻이죠. '입에서 나간다'는 의미 또는 '항구에서 나간다'란 의미에서 그런 뜻이 생겼나 봅니다.

> **出来** chūlái   나오다, 출현하다

이 표현은 중국어에서 자주 쓰이는데, 독립적으로 쓰이기도 하지만 동

사 뒤에 붙어서 어떤 동작이 시작되는 것을 뜻합니다.

出卖 chūmài 팔다

卖 ◀ 賣(팔 매)

出去 chūqù 나가다, 외출하다

去가 '가다'란 의미를 갖고 있어서 이런 의미가 되었습니다.
이에 비해 出门 chūmén은 '집을 나서다, 외출하다'란 의미를 가집니다. 느낌이 약간 다르죠.

出色 chūsè 대단히, 뛰어난, 보통을 넘어서는
出席 chūxí 참석하다, 출석하다
出示 chūshì 제시하다, 내보이다
出租 chūzū 세를 놓다

꽤 어려운 표현인데, 중국에 내리면 가장 자주 보게 되는 표현이기도 합니다. 바로 택시마다 이 표현이 붙어 있기 때문이죠.

出租汽车 chūzūqìchē 택시

차를 일정시간 세놓는 것이 택시라는 의미인가 보군요.

(동) 들다, 가입하다, 참가하다 (명) 수입

중국어 발음은 우리말의 한자음과 유사한 경우가 많습니다. 똑같은 경우도 흔하죠. 그러나 가끔 우리 한자 발음과 동떨어져서 당혹스럽게 하는데요, 入도 그런 글자 가운데 하나입니다. '입'과 'rù', 달라도 너무 다르죠.

入口 rùkǒu 입으로 들어가다, 수입하다

앞서 살펴본 出口와 반대되는 개념이죠.

入学 rùxué 입학하다

公/私

公 gōng

(형) 국유의, 공공의, 집단적, 공동의, 공정한
(명) 사무, 공무

公과 共 gòng의 뜻이나 쓰임새를 혼동하는 경우가 많습니다만 분명히 다르죠. 公이 '공공적이다, 공적이다' 라는 의미임에 비해 共은 '함께, 공동으로' 라는 뜻입니다. 물론 公共이란 단어에 같이 쓰여서 그 순서를 헷갈리는 분도 심심치 않게 있기는 하지요. 이번 기회에 그 뜻을 확실히 기억해 둡시다.

公共 gōnggòng 공공의, 공용의
公共汽车 gōnggòngqìchē 버스
公斤 gōngjīn 킬로그램, kg

그럼 여기서 척도를 한꺼번에 알아봅시다.

1mm	1毫米 háomǐ	
1cm	1公分 gōngfēn	厘米 límǐ

1m	1米 mǐ
1km	1公里 gōnglǐ
1g	1克 kè
1kg	1公斤 gōngjīn
1ℓ	1升 shēng = 公升 gōngshēng

公路 gōnglù 도로
公道 gōngdào 도로, 정의, 정도
公司 gōngsī 회사

우리나라에서 자주 쓰는 会社(회사)란 표현보다 중국에서 흔히 쓰는 표현입니다.

公元 gōngyuán 서기

꼭 알아두어야 할 표현입니다. 그럼 기원전은? 公元前 gōngyuánqián 입니다.

公用电话 gōngyòngdiànhuà 공중전화
公开 gōngkāi 공개된, 공개(하다)
公安局 gōng'ānjú 공안국, (중국의) 경찰국

公认　gōngrèn　공인(하다)

公寓　gōngyù　아파트

认 ◀認(알 인)

앞에 高级 gāojí를 붙이면 맨션아파트가 됩니다.

그럼 잠깐 앞서 보았던 共에 대해 알아보겠습니다.

共　gòng　(부) 함께, 같이, 전부　(형) 공통의

共同　gòngtóng　공동의, 함께

共产党　gòngchǎndǎng　공산당

产 ◀産(낳을 산)

이 단어 모르면 중국에 가서 행세 못합니다. 가장 눈에 잘 띄는 단어 가운데 하나니까요.

私　sī　(형) 사적인, 사유의, 개인적인

私는 公의 전형적인 반대말입니다. 그런데 중국이 공산주의 국가라서 그런지 私라는 표현은 많이 쓰지 않는군요.

私人　sīrén　개인, 민간

感/理

感 **gǎn**

(동) 생각하다, 느끼다, 감동을 주다, 감사하다
(명) 감정, 느낌

感은 '감정, 감정을 느끼다' 처럼 이성보다는 감정을 표현하는 글자죠.
이에 비해 理 lǐ는 '이성, 합리성' 등을 나타냅니다.
좀 복잡한데도 간략하게 만들지 않은 글자가 있는데, 感이 그런 경우
죠. 감정이란 게 워낙 복잡해서 그냥 둔 건 아닐까요?

感到 gǎndào 느끼다, 생각하다

感觉 gǎnjué도 동사로 쓰일 때는 같은 의미를
갖습니다. 명사로는 '감각, 느낌' 이란 뜻을 갖
고요.

感动 gǎndòng 감동시키다, 감동하다
感激 gǎnjī 감사하다, 감격(하다)
= 感谢 gǎnxiè 감사하다, 감사
感冒 gǎnmào 감기, 감기에 걸리다

음, 독특한 표현이군요. 冒 mào는 '내뿜다, 발산하다' 란 뜻으로, 여기서
는 '감기' 란 표현에 쓰였네요.

感情 gǎnqíng 감정, 애정
感兴趣 gǎnxìngqù 흥미가 있다, 관심이 있다　　　　兴 ◀興(흥할 흥)

이때 感은 명사 兴趣를 서술하는 동사죠. 그래서 뜻은 '관심을 갖다'.

理 lǐ
(명) 이치, 도리, 자연과학
(동) 관리하다, 다스리다

理는 '이성적' 이라는 의미와 함께 '이론적' 이라는 뜻도 갖고 있지요.
그래서 感의 반대말임과 동시에 实 shí의 반대 의미로도 쓰입니다.

理由 lǐyóu 이유
理想 lǐxiǎng 이상, 이상적인
理发 lǐfà 이발하다

发 fà는 發(펼 발) 외에 髮(머리털 발)의 간체자이기도 합니다.
머리털을 관리하는 것, 그것이 이발이군요.

理性 lǐxìng 이성
理论 lǐlùn 이론

论은 論의 간체자입니다. 글자에서 보듯이 侖이 仑으로 변했는데, 이
는 간체자의 원칙입니다. 다음 글자를 볼까요?

倫 (인륜 륜) → 伦 lún 인륜

輪 (바퀴 륜) → 轮 lún 바퀴

轮船 lúnchuán 배, 증기선

論 (논할 론) → 论 lùn 토론하다, 의논하다

论文 lùnwén 논문

论理 lùnlǐ 논리, 이치로 따지면

輪 (바퀴 륜) → 轮 lún 바퀴

轮船 lúnchuán 배, 증기선

会/离

회자정리会者定离란 말 아시죠? 만난 사람들은 반드시 헤어지고 만다는 뜻
으로, 생자필멸生者必灭(산 사람은 반드시 죽고 만다)과 함께 인간에게 주어진
슬픈 운명을 가리키는 말이죠.

会 huì
(동) 모이다, 모으다, 만나다　(명) 모임, 단체, 기회
(부) 때마침　(조동) ～할 수 있다

会는 曾(모일 회)의 간체자이자 약자입니다.

会场　huìchǎng　회의장　　　　铅◀場(마당 장)
会客　huìkè　손님을 만나다
会谈　huìtán　회담(하다)　　　谈◀談(말씀 담)
会话　huìhuà　회화
会议　huìyì　회의

离 lí

(동) 분리하다, 떠나다, 헤어지다

(개) ~에서, ~로부터

离는 離(떼놓을 이)에서 오른쪽을 뚝 떼어낸 간체자입니다.
'헤어지다, 떠나다'란 의미 외에 '~에서'라는 개사로도 쓰입니다.

离婚 líhūn 이혼하다

离开 líkāi 떠나다, 헤어지다

开는 開의 간체자인데, 어쩌다가 离와 开가 모여 '떠나다'란 의미가 되었는지 궁금하네요. 开에는 '쏘다'나 '피다'는 의미 외에 '자르다'는 의미도 있습니다. 离도 가르다, 开도 가르다, 사랑하는 이와 갈라지면 곧 헤어짐을 뜻하죠.

正/反

正
zhèng
zhēng

(형) 바른, 곧은, 정각, 올바른, 정직한

(명) 정수　(동) 바로잡다, 교정하다

(부) 마침　(명) 정월

正은 성조가 zhèng인데, zhēng으로 바뀌면 '정월' 이란 의미를 갖습니다.

正月　zhēngyuè　정월

그 외에는 zhèng으로 발음하는데, 의미는 다양하죠.

正常　zhèngcháng　정상적인

正好　zhènghǎo　꼭 알맞은, 딱 좋은, 마침, 공교롭게도

你来得正好。　너 마침 잘 왔구나.

正确　zhèngquè　정확한, 올바른, 틀림없는　　　确◀確(확실할 확)

正当　zhèngdàng　적당한

正在 zhèngzài 마침 ~하는 중이다

他正在吃饭呢。 그는 마침 식사 중이다.

反 fǎn (형) 반대의 (동) 바꾸다, 돌아가다, 반항하다
        (부) 반대로, 오히려

엄밀히 살펴보면 正과 反이 반대되는 뜻 같지는 않군요. 그렇지만 우리말에서는 짝을 이루어 쓰이니 나온 김에 한번 살펴볼까요.

反对 fǎnduì 반대하다
反复 fǎnfù 반복하여, 반복   复◀復(돌아올 복)
反应 fǎnyìng 반응하다, 반응

应은 應(응할 응)의 간체자입니다. '응답하다, 반응하다' 란 뜻을 갖죠.
应이 yīng으로 발음되면 주로 '당연히 ~해야 한다' 란 조동사로도 쓰입니다.

应该 yīnggāi 마땅히 ~해야 한다
= 应当 yīngdāng ~하는 것이 마땅하다

反正 fǎnzhèng 어차피, 결국
反正은 이 외에 '투항해오다, 귀순하다' 란 의미로도 쓰입니다.

反映 fǎnyìng 반영(하다), 전달하다

得/失

得 dé

(동) 얻다, 획득하다　(형) 알맞은

(조동) 동사 앞에 쓰여 가능, 허가를 나타냄

得到 dédào　손에 넣다, 얻다, 받다

得는 동사로 쓰이기보다 주로 동사와 보어 사이에 쓰이면서 가능, 허가 등을 나타내는 조사로 쓰입니다.

到는 '이르다, 도달하다'란 뜻입니다.

따라서 得到는 획득에 이르다, 즉 '손에 넣다'란 뜻이죠.

그럼 '도착하다, 도달하다'의 의미를 가진 到 dào의 용법을 잠깐 살펴볼까요.

到处 dàochù　도처, 이르는 곳

到达 dàodá　도착하다, 이르는 곳

到底 dàodǐ　도대체, 아무래도, 마침내

达 ◀達(이를 달)

你到底同意不同意？ 넌 도대체 동의하는 거야 안 하는 거야?

努力到底。 끝까지 노력하다.

부사로 자주 쓰이는 到底지만 '끝까지 하다' 란 뜻의 동사로도 쓰입니다.

<table>
<tr><td rowspan="2">失 shī</td><td>(동) 잃다, 놓치다, 실수하다, 목적을 달성하지 못하다</td></tr>
<tr><td>(명) 잘못, 과실</td></tr>
</table>

失에는 좋지 못한 여러 뜻이 담겨 있습니다. 잃고, 놓치고, 잘못하고, 못 찾고, 목적 달성에 실패하고, 약속을 어기는 등의 뜻이 모두 포함되는 것이죠.

失败 shībài 실패(하다)

失掉 shīdiào 잃다, 놓치다 = 失去 shīqù 잃어버리다

掉 diào는 '떨어지다, 떨어뜨리다' 란 의미를 갖는 글자입니다.
失掉와 비슷한 뜻이군요.

失望 shīwàng 실망하다

失业 shīyè 직업을 잃다, 실직하다

推/引

推 **tuī** (동) 밀다, 추측하다, 책임을 전가하다, 추천하다, 연기하다

推와 引 yǐn은 실생활에서 자주 쓰입니다. 출입문에 많이 붙어 있는데 우리말로는 '미세요, 당기세요'라고 할 수 있겠죠. 押 yā(누를 압)이 붙어 있는 경우도 많은데, 이 뜻도 '미세요'입니다.

推는 '밀다'라는 뜻에서 여러 뜻이 파생되었습니다. '미루어 생각한다, 즉 추측하다, 책임을 미룬다, 즉 전가하다, 다른 사람을 밀어 올린다는 뜻의 추천하다, 오늘 할 일을 내일로 미루다, 그래서 연기하다' 등등 말이죠.

推动 **tuīdòng** 추진하다　　　　　　　　　　动 ◀ 動(움직일 동)

움직이도록 민다, 즉 '추진하다'는 표현이 되었습니다.

推广 **tuīguǎng** 널리 보급하다, 확대하다

广은 廣(넓을 광)의 간체자입니다. 안쪽을 싹 드러내니까 훨씬 넓어졌군요.

广 guǎng

(명) 폭, 넓이 (형) 넓은 (동) 확대하다

广播 **guǎngbō** 방송하다, 방송

현대 생활에서는 가장 자주 접하는 단어입니다. 어딜 가나 이 단어를 피하기 어렵죠.

广告 **guǎnggào** 광고, 선전
广场 **guǎngchǎng** 광장
广大 **guǎngdà** 넓은, 큰
广泛 **guǎngfàn** 광범위한, 폭넓은
= 广阔 **guǎngkuò** 넓은, 광활한

引 yǐn

(동) 끌다, 당기다, 인도하다, 물러나다, 인용하다, 야기하다

抽 yā의 반대되는 뜻 말고도 다양한 뜻을 품고 있습니다. 이를테면 '야기하다' 와 같은 뜻 말이죠.

引起 **yǐnqǐ** 초래하다, 일으키다

음, 끌어서 일으키다, 즉 '초래한다' 는 뜻이군요.

引导 **yǐndǎo** 안내하다, 인도하다   导 ◀ 導(이끌 도)

表/里

表 **biǎo**

(명) 겉, 표면, 외부, 표

(동) 드러내다, 표시하다, 나타내다

表는 명사로 '겉, 표면, 외부'의 뜻 외에 '표, 양식, 모범' 등의 뜻도 갖습니다. 또 '시계'를 가리키기도 하지요.

手表 shǒubiǎo 손목시계
停表 tíngbiǎo 스톱워치
表面 biǎomiàn 표면, 외관

그러나 동사의 의미로 훨씬 자주 쓰입니다. 기본 어휘도 대부분 동사적 의미를 갖고 있습니다.

表达 biǎodá (감정 등을) 표현하다　　　　达 ◀達(이를 달)
表明 biǎomíng 분명하게 나타내다
表示 biǎoshì 표시하다, 가리키다, 표정

명사로 쓰일 때는 우리말과 전혀 다르군요.

表演 **biǎoyǎn** 상연(하다), 연출(하다), 연기(하다)

영화와 관련된 동사, 명사를 두루 나타내는 단어입니다.

表扬 **biǎoyáng** 표창(하다), 칭찬하다

扬은 揚(오를 양)의 간체자입니다. 이는 아래와 같이 변
하는 원칙에 속하죠.

楊(버들 양) → 杨 **yáng** 백양나무
場(마당 장) → 场 **chǎng** 장소
腸(창자 장) → 肠 **cháng** 장(신체)
湯(넘어질 탕) → 汤 **tāng** 뜨거운 물, 온천, 국물, 탕

하지만 '태양'을 뜻하는 陽(양기 양)은 阳 yáng으로 간화되니 주의
하세요.

里 **lǐ/li**

(명) (옷, 모자 등의) 속, 안, 이웃, 고향, 리(길이의 단위)

(명) 안, 내부(명사 뒤에 붙어 일정한 공간, 시간 등을 나타냄)

원래 우리말에서는 表(바깥)의 반대말은 裏(속 리)입니다. 里는 '마을, 거
리' 등을 나타내는 글자고요. 그런데 간체자에서는 이 모두를 里로 통
일시켰습니다. 그러다 보니 里의 뜻이 엄청 많아졌지요.
li로 발음되는 경우는 명사 뒤에서 접미사처럼 쓰여 '~의 안, 내부, 가
운데'를 나타냅니다. 또한 지시대명사 뒤에 붙으면 접미사로 쓰여 장소
를 나타내게 되지요.

258

手里 shǒuli 손 안(명사)

箱子里 xiāngzili 상자 안(명사)

这里 zhèli 이곳, 여기(접미사)

哪里 nǎli 어디, 어느 곳(접미사)

里边 lǐbian 내부, 안쪽

里面 lǐmiàn도 같은 뜻으로 쓰입니다.

表里不一 biǎolǐbùyī 겉과 속이 다르다

表里如一 biǎolǐrúyī 생각와 언행이 완전히 일치하다

问/答

问 **wèn**　　(동) 묻다, 질문하다, 추궁하다, 간섭하다

问题 **wèntí** 문제

问은 問(물을 문)의 간체자입니다. 우리가 잘 아는 門(문 문)은 门으로 바뀌는 게 간체자의 원칙인데요, 다음을 보시죠.

問 (물을 문) → 问 wèn

門 (문 문) → 门 mén 문, 출입구, 파벌

聞 (들을 문) → 闻 wén 듣다, 소식, 뉴스, 유명한

們 (무리 문) → 们 men 복수형을 나타내는 접미사

間 (사이 간) → 间 jiān 칸, 사이, 중간

閉 (닫을 폐) → 闭 bì 닫다, 막히다

閑 (한가할 한) → 闲 xián 한가한

물론 예외도 있습니다.

開 (열 개) → 开 kāi 열다, 넓히다

關 (빗장 관) → 关 guān 닫다, 갇히다

같은 '문' 자들인데 중국에서는 men과 wen으로 나눠 발음하는군요.

门口 ménkǒu 입구, 현관
门路 ménlù 비결, 방법, 단서
门珍 ménzhěn 진찰, 진료
问好 wènhǎo = 问候 wènhòu 안부를 묻다

答 dā/dá (동) 대답하다, 보답하다

중국어 발음에서 성조가 달라지면 그 용법이나 뜻이 달라지는 게 일반적이죠. 그런데 똑같은 용법이나 뜻인데도 습관적으로 성조가 바뀌는 경우가 있는데, 答가 그런 경우입니다.

答应 dāying 대답하다, 응답하다, 동의하다　　　应◀應(응할 응)
이 경우가 바로 성조를 나르게 발음하는 표현입니다.

答案 dá'àn = 答卷 dájuàn 답안

现/古, 过

现 xiàn

(명) 현재, 지금　(부) 임시로, 곧

(동) 나타내다

现은 現(나타날 현)의 간체자죠. 見이 见으로 바뀌는 것도 간체자의 규칙입니다.

现代　xiàndài　현대

现实　xiànshí　현실, 현실적인　　　　实◂實(열매 실)

现在　xiànzài　지금, 현재, 당장, 바로

现场　xiànchǎng　현장　　　　场◂場(마당 장)

古 gǔ

(명) 옛날, 고대　(형) 낡은, 오래된

古老 gǔlǎo 오래된, 낡은

古代 gǔdài 고대

중국에서 역사적으로는 아편전쟁 이전까지를 고대로 구분한다는군요.

古董 gǔdǒng 골동품

중국 여행에서 골동품에 관심을 보이는 분들 많죠. 중국에는 골동품 대신 古董 상점만 있다는 사실 기억해 두십시오.

아! 古玩 gǔwán도 골동품이란 뜻입니다. 함께 알아두십시오.

guò

过

guo

(동) 건너가다, 지나다, 초과하다

(명) 잘못, 과실

(접미) 동사 뒤에 붙어 동작의 완료나 과거에 일어난 동작을 나타냄

过는 過(지날 과)의 간체자입니다. 뜻으로 보면 现이나 古와 관련이 없어 보이지만, 역시 현재의 반대는 과거니까 여기에서 다루어야 하겠죠.

过去 guòqù 과거

空/满, 充

空	kōng	(형) 텅 빈, 넓은　(동) 비우다
		(명) 하늘, 공중　(부) 헛되이
	kòng	(동) 비우다　(형) 비다　(명) 틈

空은 성조가 두 가지이나 그 뜻에는 큰 차이가 없습니다. 대체로는 kōng으로 발음되는 경우가 많습니다.

空间 kōngjiān 공간
空气 kōngqì 공기
天空 tiānkōng 하늘, 공중
空军 kōngjūn 공군

军은 軍의 간체자입니다. 車가 车로 바뀐 것이지요.

空白 kòngbái 공백
空当 kòngdāng 틈, 간격

空儿 kòngr, 또는 空当儿도 같은 의미로 쓰입니다.

满 mǎn　　　(형) 가득한, 모두의, 만족한　(동) 가득 채우다

满은 滿(찰 만)의 간체자입니다. 조금 바뀌었는데, 이 형태도 간체자 규칙에 속합니다. 아래 글자들을 볼까요?

両 (두 량) → 两 liǎng 둘, 양쪽

輛 (수레 량) → 辆 liàng 차량을 세는 단위, 대

瞞 (속일 만) → 瞒 mán 속이다, 감추다

满腔 mǎnqiāng 가슴속에 가득 참.

满意 mǎnyì = 满足 mǎnzú 만족하다, 만족스럽다

充 chōng

(형) 가득한, 충만한, 충분한

(동) 가득 채우다, 맡다

充은 满과 비슷한 표현이어서 뜻도 흡사합니다.

充满 chōngmǎn 가득 차다, 충만하다, 넘쳐흐르다

充分 chōngfèn 충분한, 충분히, 완전히 = 充足 chōngzú 충분한

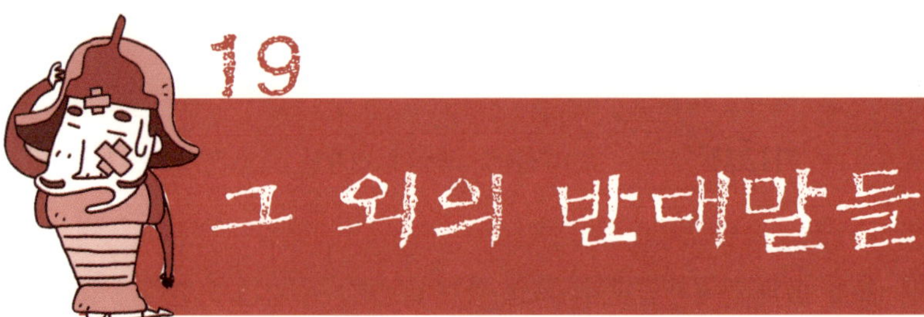

지금까지 살펴본 글자들 외에 대응되는 뜻을 갖는 글자들을 살펴보겠
습니다.

同 tóng　　(형) 같은　(동) ~와 같다　(개) ~와 함께　(접) ~와

异 yì　　(형) 같지 않은, 다른, 이상한, 특별한　(동) 헤어지다

异는 異(다를 이)의 간체자입니다. 상전벽해형 간체자죠. 공통부분이 하
나도 없잖아요. 또 导(導)와 헷갈리지 않도록 주의하세요.

　　同屋 tóngwū　룸메이트
　　同事 tóngshì　함께 일하다, 동료, 동업자
　　同学 tóngxué　동창, 학우, 교사가 학생을 부르는 호칭
그래서 同学们은 '학생 여러분' 이라는 뜻.

　　同样 tóngyàng　같은, 마찬가지인
　　同意 tóngyì　동의하다, 승인하다

266

同志　**tóngzhì**　동지

同时　**tóngshí**　동시, 같은 시기, 동시에

异常　**yìcháng**　이상한

异议　**yìyì**　이의, 다른 의견　　　　　　　　　　议 ◀議(의논할 의)

우리는 '같은 점과 다른 점'이라고 얘기하지만 중국인들은 습관적으로
'异同 yìtóng'이라고 하네요.

初　**chū**　　(명) 처음　　(형) 처음의, 최초의, 초급의　　(부) 막, 방금

终　**zhōng**　(동) 끝나다　　(명) 끝, 죽음　　(부) 결국, 마침내

初步　**chūbù**　초보적인

初级　**chūjí**　초급

初次　**chūcì**　처음 만나다

初级中学　**chūjízhōngxué**　초급중학

初级中学은 우리의 중학교에 해당합니다. 줄여서 初中이라고도 하지
요. 그럼 고등학교는? 高级中学 gāijízhōngxué. 역시 高中이라고 줄여
서 말합니다.

终点　**zhōngdiǎn**　종점

종착역은 终点站 **zhōngdiǎnzhàn**.

终于　**zhōngyú**　마침내, 결국

明 míng (형) 밝은, 환한, 분명한, 공개적인

暗 àn (형) 어두운, 숨기는 (부) 남몰래

明白 míngbai 분명한, 명백한, 솔직한, 이해하다

이와 비슷한 표현으로는 明确 míngquè (명확한, 명확히 하다)
明显 míngxiǎn (뚜렷한, 분명한)이 있습니다.
确 què는 確(확실할 확), 显 xiǎn은 顯(드러낼 현)의 간체자입니다.

明亮 míngliàng 밝은, 환한, 빛나는

날짜를 나타낼 때도 明 이 자주 쓰이죠.

明年 míngnián 내년
明天 míngtiān 내일, 앞날
明早 míngzǎo도 '내일(아침)' 을 뜻합니다.

暗暗 ànàn 암암리에, 슬며시

그럼 앞서 살펴본 显 xiǎn을 살펴보고 넘어가겠습니다.

显 xiǎn (형)분명한, 뚜렷한, 명백한 (동)보이다, 드러내다
显得 xiǎnde 드러나다, ~인 것처럼 보이다
显然 xiǎnrán 명백한, 분명한
显著 xiǎnzhù 현저한, 뚜렷한
显示器 xiǎnshìqì 디스플레이
'액정 디스플레이' 는 液晶 yèjīng 显示器 라고 합니다.

 xǐ   (동) 기뻐하다, 좋아하다   (명) 기쁜 일, 임신

 bēi   (명) 비극, 슬픔   (동) 슬퍼하다   (형) 슬픈

喜欢 xǐhuan 좋아하다, 사랑하다, 기뻐하다

대단히 자주 쓰는 표현입니다. 영화도, 사람도, 취미도 좋아할 때는 이걸 쓰시면 됩니다.

悲痛 bēitòng 비통(하다)

 yīn   (명) 원인, 이유   (동) 따르다, 근거하다   (접) ~때문에

 guǒ   (명) 결과, 열매   (동) 이루다

因素 yīnsù 요소, 원인
原因 yuányīn 원인, 이유

그런데 因은 접속사에 많이 쓰이는 글자입니다.

因此 yīncǐ 그래서, 그러므로
因而 yīn'ér 따라서, 그러므로
因为 yīnwèi ~때문에, 왜냐하면

果然 guǒrán 과연, 만약 ~한다면 = 果真 guǒzhēn 과연, 진실로
果实 guǒshí 과실, 수확
结果 jiéguǒ 결과, 결국, 마침내

果도 원래 '과일'을 뜻할 때보다 '결과'를 뜻할 때가 많습니다.

 **xīn** (형) 새로운, 새   (동) 새롭게 하다   (명) 새것   (부) 금방

 **jiù** (형) 옛날의, 과거의, 지난, 오래된, 이전의

旧는 舊(옛 구)의 간체자이자 약자입니다. 新 이나 旧 모두 다른 명사 앞
에 붙어서 의미를 구분하는 '구별사'로 쓰입니다. 신세대와 구세대, 신
형과 구형처럼요.

旧友 jiùyǒu 옛 친구, 오랜 친구

요즘처럼 新 이 많이 쓰이는 때가 있을까요? 눈만 뜨면 새로운 것이 나
오는 세상이니.

新型 xīnxíng 신형
新年 xīnnián 새해
新鲜 xīnxiān 신선한, 싱싱한
新闻 xīnwén 뉴스

闻 ◀ 聞(들을 문)

우리나라 신문과는 약간 다른 의미로 쓰이죠. 그럼 우리가 말하는 '신
문'은? 报 bào라고 합니다. 報(알릴 보)의 간체자 말이죠. 그럼 나온 김에
报 에 대해 살펴봅시다.

앞서 살펴보았듯이 報(알릴 보)의 간체자인 报 bào는
'소식, 신문' 또는 '알리다, 보도하다'란 단어에 주
로 쓰입니다.

报纸 bàozhǐ 신문, 신문지
报道 bàodào 보도(하다)
报告 bàogào 보고(하다), 보고서, 리포트
报名 bàomíng 신청하다, 지원하다, 등록하다

'이름을 알리다' 라는 뜻으로부터 이런 의미가 나왔군요.

胜 **shèng** (동) 이기다, 승리하다 (명) 승리

败 **bài** (동) 지다, 패하다, 실패하다

胜은 勝(이길 승)의 간체자인데요, 획수가 많은 오른쪽 부분을 발음이 비
슷한 生 shēng으로 대체했군요.

胜利 **shènglì** 승리하다, 승리

败는 敗(질 패)의 간체자죠. 貝가
贝로 변하는 것은 일반적인 간
체자 규칙입니다.

失败 **shībài** 실패(하다), 패배(하다)

优 **yōu** (형) 뛰어난, 훌륭한, 우수한 (명) 배우

劣 **liè** (형) 나쁜, 미숙한

优는 優의 간체자입니다. 이때 조심해야 할 부분이 尤입니다. 얼핏보면
憂가 尤로 변했지요. 맞습니다. 그런데 憂(근심할 우)는 忧 yōu로 간화됩
니다. 간화되지 않은 尤 yóu (특이하다, 특히)란 글자가 있기 때문이죠.

优点 yōudiǎn 장점
优良 yōuliáng 우수한, 훌륭한 = 优秀 yōuxiù 우수한, 뛰어난
优美 yōuměi 아름다운, 우아한

忧 yōu 걱정하다, 근심하다
忧郁 yōuyù 걱정하다, 우울한
尤 yóu 특별한, 우수한, 특히
尤其 yóuqí 특히, 더욱

深 shēn　(형) 깊은, 심오한　(명) 깊이, 심도

浅 qiǎn　(형) 얕은, 좁은, 쉬운, 미숙한

深厚 shēnhòu (감정이) 깊고 두터운
深刻 shēnkè 심각한, 깊은
深入 shēnrù 깊이 파고들다, 심각한, 철저한

浅은 淺(얕을 천)의 간체자입니다. 戔이 戋으로 변하는 것도 간체자의 규칙이죠.

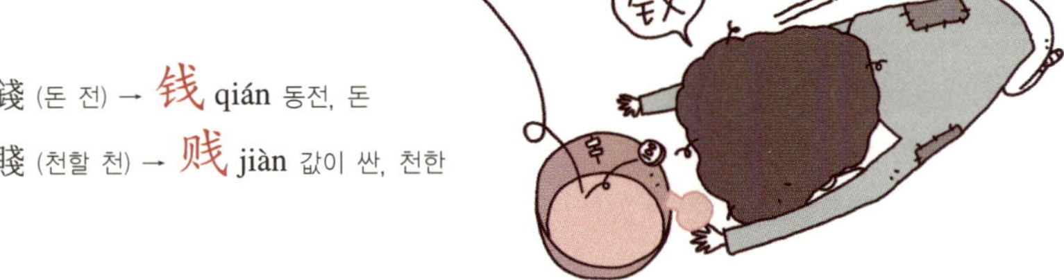

錢 (돈 전) → 钱 qián 동전, 돈
賤 (천할 천) → 贱 jiàn 값이 싼, 천한

冷 lěng　(형) 추운, 찬, 고요한, 냉담한　(동) 식히다

暖 nuǎn　(형) 따뜻한, 온화한　(동) 데우다

272

冷冻 lěngdòng 냉동(하다)
暖和 nuǎnhuo 따뜻한, 따뜻하게 하다
暖气 nuǎnqì 증기, 스팀

男 nán (명) 남자, 아들

女 nǚ (명) 여자, 딸

男人 nánrén 남자

男人은 '어른 남자'를 가리킵니다. nánren처럼 성조가 바뀌면 그 뜻이 '남편'으로 바뀌는데, 이 호칭은 제3자가 부르는 것입니다.

女儿 nǚ'ér 딸
女人 nǚrén 여자, 여인

마찬가지로 성인여성을 가리킵니다. nǚren으로 성조가 바뀌면 '처, 아내'란 뜻이 되고요.
하지만 일상생활에서는 가볍게 男的 nánde(남자), 女的 nǚde(여자)하고 부릅니다.

女士 nǚshì 숙녀, 부인

이 단어에는 존칭의 뜻이 담겨 있습니다.

真 zhēn (형) 참된, 진실한, 또렷한, 명료한 (부) 정말로, 진실로 (명) 진면목, 실물

假 jiǎ (명·형) 거짓(의), 가짜(의) (부) 가짜로 (접) 만약 (동) 차용하다

真은 眞(참 진)의 간체자죠.

真实 zhēnshí 진실된
真正 zhēnzhèng 진정한, 참된, 진실로
真的 zhēnde 참으로, 정말로, 진짜

거짓말은 假话 jiǎhuà이지만 참말은
实话 shíhuà라고 한답니다. 또 假如
jiǎrú(만일, 만약, 가령)는 표현을 통해
가정의 문장을 만들기도 하고요.

 首 shǒu (명) 머리, 수령, 우두머리 (형) 최고의, 제일의, 최초의

 尾 wěi (명) 꼬리

首次 shǒucì 최초, 첫째
首都 shǒudū 수도
首先 shǒuxiān 맨 먼저, 우선, 첫째
首脑 shǒunǎo 수뇌, 영도자　　　　　　　　　脑 ◀ 腦(두뇌 뇌)
尾巴 wěiba 꼬리

尾의 반대말에는 또 뭐가 있을까요? 首와 비슷한 뜻의 头 tóu가 있습니
다. 有头有尾 yǒutóuyǒuwěi라고 하면 무슨 뜻일까요? 머리도 있고, 꼬
리도 있다? 일에는 시작이 있으면 끝도 있는 법이니 시종일관 열심히
노력하라는 뜻이겠지요. 우리도 힘내서 아자아자!!

 强 qiáng (형) 힘센, 강한, 우월한

弱 ruò (형) 허약한, 약한, 어린

274

이 글자는 실제로 힘의 크기를 비교할 때도 쓰지만, 추상적인 힘을 비교할 때도 씁니다. 강대국과 약소국, 강점과 약점처럼요.

强大 qiángdà 강대한
强调 qiángdiào 강조하다
强烈 qiángliè 강렬한, 선명한
微弱 wēiruò 가냘프다, 쇠약하다
弱点 ruòdiǎn 약점

 全 quán (동) 완전한, 모든 (부) 전부 (동) 보전시키다

 部 bù (명) 부분, 부

全部 quánbù 전부
全面 quánmiàn 전면, 전면적인
全球 quánqiú 전세계, 전지구
全套 quántào 한 벌, 한 세트
全体 quántǐ 전체
部队 bùduì 부대

队 는 隊(떼 대)의 간체자입니다. 부대가 사람으로 구성되어 있으니까 人을 이용한 것은 멋진 발상이네요.

部分 bùfen 부분, 일부
部门 bùmén 부문, 분과
部长 bùzhǎng 장관

행정 각부의 장관을 중국에서는 部长 이라 부릅니다.

 lì　(형) 날카로운, 편리한, 이로운, 유익한　(명) 이자, 이익
(동) 이롭게 하다

 yì　(명) 이익, 도움　(형) 이롭다, 유익하다

 sǔn　(동) 감소하다　(명) 손해

 hài　(명) 손해, 재해　(형) 해로운　(동) 손해를 끼치다, 죽이다

利나 益의 반대말은 위에 열거한 损과 害 모두 해당된다고 할 수 있죠.
서로 비슷한 말끼리 결합하고, 반대말끼리 결합해 새로운 단어를 만듭
니다.

利益 lìyì 이익
损害 sǔnhài 해치다, 손해를 입히다
损益 sǔnyì 손익, 증감
利害 lìhài 이익과 손해 / lìhai 사나운, 대단한, 굉장한

利害 lìhài는 厉害 lìhai와 같은 뜻인데요. 우리말과는 전혀 다른 의미를
갖고 있군요. 厉는 厲(엄할 려)의 간체자로 '엄한, 엄숙한, 사나운' 등의
뜻을 갖지요. 歷의 간체자인 历와 비슷하군요.

利落 lìluo (말이나 동작이) 재빠른, 민첩한, 단정한
利用 lìyòng 이용(하다), 활용(하다)
多多益善 duōduōyìshàn 다다익선
损失 sǔnshī 손실(보다), 손해(보다)
害处 hàichù 나쁜 점, 손해, 결점
害怕 hàipà 두려워하다, 무서워하다

 lái (동) 오다, (문제가) 발생하다, 하다

 qù (동) 떠나다, 없애다, 보내다 (형) 이전의

온다는 뜻의 来는 來(올 래)의 간체자이자 약자죠.

来不及 láibují 미치지 못하다, 손쓸 틈이 없다, 여유가 없다
来得及 láideji는 来不及의 반대말로 '늦지 않다, 할 수 있다' 는 뜻을 갖습니다.

来回 láihuí 왕복하다, 교환하다
来客 láikè 손님

반면에 来人 láirén은 심부름꾼을 뜻하죠.

来头 láitou 경력, 이력, 이유
여기에 儿을 붙여 来头儿 láitour라고 하면 '흥미, 재미' 라는 뜻이 됩니다.

来信 láixìn 보내온 편지
来自 láizì ~에서 오다, ~에서 나오다

去도 간다는 뜻 외에 여러 용법이 있습니다만 여기서는 동사 용법을 중심으로 배워봅시다.

去处 qùchù 행선지, 행방

去年 qùnián 작년
去声 qùshēng 거성(중국어의 4성 가운데 제3성)

阳 yáng　(명) 양(陽), 양기, 태양

阴 yīn　(명) 음, 그늘, 뒷면　(형) 흐린, 숨겨진, 저 세상의

阳은 陽(볕 양), 阴은 陰(응달 음)의 간체자입니다. 태양을 뜻하는 日 rì와 달을 뜻하는 月 yuè를 이용해 간략화한 것이 재미있지요.

太阳 tàiyáng 태양
阳光 yángguāng 햇빛
阳台 yángtái 발코니, 베란다
햇볕을 쬐는 대가 발코니군요.

阴沉 yīnchén 음침한, 어두운
沉은 沈(가라앉을 침)의 속자인데, 간체자로도 쓰이는군요.